忧伤而坚韧的曹禺

纪开芹 著

北京工业大学出版社

图书在版编目（CIP）数据

忧伤而坚韧的曹禺/纪开芹著．—北京：北京工业大学出版社，2016.7

ISBN 978-7-5639-4691-4

Ⅰ.①忧…　Ⅱ.①纪…　Ⅲ.①曹禺（1910~1996）—传记　Ⅳ.①K825.6

中国版本图书馆CIP数据核字（2016）第100876号

忧伤而坚韧的曹禺

著　　者： 纪开芹
责任编辑： 李　杰
封面设计： 书心瞬意
出版发行： 北京工业大学出版社
（北京市朝阳区平乐园100号　邮编：100124）
010－67391722（传真）　bgdcbs@sina.com
出 版 人： 郝　勇
经销单位： 全国各地新华书店
承印单位： 大厂回族自治县正兴印务有限公司
开　　本： 880毫米×1230毫米　1/32
印　　张： 7
字　　数： 129千字
版　　次： 2016年7月第1版
印　　次： 2016年7月第1次印刷
标准书号： ISBN 978-7-5639-4691-4
定　　价： 28.00元

写在前面

决定写曹禺，实在是源于对曹禺戏剧的喜爱。大学毕业时候，所选论文素材便是曹禺先生的《雷雨》。翻来覆去看《雷雨》，最终确定论文题目为《人性的沉沦与挣扎——论〈雷雨〉中的爱情悲剧》。我充分理解曹禺先生在《雷雨》中寄托的情感，也因为此，我关注起曹禺先生的其他几本著作，为剧中人物伤感着，为剧情陶醉着。许多年后，当我再拿起笔写下有关曹禺先生的文字时，仍惴惴不安，生怕亵渎了先生的文字或歪曲了先生的人格。

但我下定了决心要让曹禺先生以另一种面孔出现在大家面前。每个人的性格都是多重的，我们在欣赏先生剧作的同时，了解其人，走进他的生活，感悟他作为一个儿子、一个父亲、一个丈夫的喜怒哀乐，也是别有一番情趣的事情。

现代社会是一个浮躁的社会，戏剧越来越远离我们的生活和视线。戏剧不能进入寻常百姓家，不能如柳永词那样，“凡有井水处，皆能歌柳词”。现代的孩子还有多少人知道曹禺先生？我觉得有必要发扬中国博大精深的文化，其中自然也包括戏剧的传承和传播。往小点说，是扩大曹禺先生的影响，往大点说，是发扬中国各种戏剧样式，让中国灿烂文化一代代延续下去，而不至于湮没在历史的洪流中。

不管社会如何浮躁，我们是需要放松心灵的。聆听大师之言，感受他忧伤的灵魂在剧本上的舞蹈。我极其希望我们浮躁的心灵在剧本中得以栖息。

正因如此，我才有决心将这本书写完。这实在不能称之为传记，而应该是观照曹禺先生一生所得的启示，让我们从中窥探出生活的美好与无奈，从而在张弛有度的节奏中，把握好生活的轨迹，充分挖掘出自身的潜力，给自己一个合理的定位。

自然，我们读曹禺，也要读他身边的人，读那个和曹禺先生有关的物质精神环境，一个宏观的、庞大的体系。我们从曹禺先生身上，可以窥探出一个时代的风貌和那时那地文人的生存状况。曹禺先生在话剧领域的贡献毋庸置疑，23 岁时，他写出惊世之作《雷雨》，他的横溢的才华让人钦佩。他的剧作影响了几代中国剧作家、导演、演员，在中国现代话剧史上打上了自己的印记。

曹禺先生逝世于1996年，如果先生还活着的话，相信他对这部“传记”是微笑着的。我不是研究曹禺的专家，只是在读一些关于他的文字时，感触于心，而要发之于外。我不会从曹禺先生婴儿时期写起，按部就班写完他的童年、少年、青年、中年乃至老年，也不会考证他的文字出处，更不会在前人研究的基础上对他的戏剧艺术大加褒扬，分析他戏剧中的“卡塔西斯”。我不是研究戏剧的专家，那些宏大的工作自然有人来做。我所看重的，是他在生活中的喜怒哀乐。具有忧伤气质的曹禺，他的忧伤是与生俱来的，是如影随形的。

的确，曹禺先生的忧郁和苦闷几乎是与生俱来的。小时候他的父亲就对他说：“你小小年纪哪里来的这么多的苦闷？”连他父亲都不理解儿子的苦闷，那么局外人感到惊讶也就很正常了。作为忧郁与苦闷合二为一的曹禺，他的思想情绪和读者是相通的。从舞台到家居，从戏剧人生到现实世界，曹禺敞开真诚的心扉，没有面具，没有粉饰。

日本文艺理论家厨川白村在《苦闷的象征》一书中说，艺术是苦闷的表现，文艺是苦闷的象征。这句话用在曹禺身上也很贴切。

这本书重点讨论曹禺先生的性情人生，探讨他平凡而伟大的一生的喜怒哀乐。专家们也许会探讨他剧作的理论支撑是什么，哪些剧作体现出他的什么创作风格，而我想告诉你的是，曹禺作为一个特定历史时期的文人，他所走过的人生轨迹，曲曲折折的坎坷路。

这本书的风格或许会有些沉重。作为笔者，我会尽力让读者受到美的熏陶，尽力去进行诗意的解读。我会在各种材料中寻找最贴近生活的素材，零零碎碎呈现在读者面前，让读者在舒缓平和的意境中享受阅读带来的快感，如此，我便深感欣慰了。

这本书要极力展示的是曹禺先生忧伤和坚韧的性格。他在人生的大海中颠簸动荡，或许会给那些身处逆境的朋友们一点点坚强起来的勇气和力量。

就像他自己所说那样："你要是写我的传，就应该写出我的苦闷。"苦闷本身并不可怕，没有苦闷，哪里看得见阳光呢？曹禺先生的世界充满了深沉的思索和奋斗不息的精神。他常常说："一时强弱在于力，千秋胜负在于理。我有一种谬论：战士应该死在战场上，作家应该死在书桌上，演员应该死在舞台上。……引申说，一个真正的人，应该为人民用尽自己的才智、专长和精力，再离开人间。不然，他总会感受到遗憾，浪费了有限的生命。"

现代社会竞争压力越来越大，以至于很多人迷失在匆匆忙忙的步履中。更有甚者，在巨大的压力面前放弃自己的生命，最终成为时代的殉葬品。我想，写作此书还有另一个目的，就是希望我的读者能坚强开朗乐观，能看到曹禺先生身上透出来的从容不迫的气质，能从他的人生中挖掘生命奋斗的意义，即便苦难来临，即便生活艰难，我们也能在纷乱的尘世中从容度日。从这个意义上来说，走近曹禺，放慢脚步，实在是我们的一种需要。

目　录

一、从两份手稿说起

曹禺先生之所以能在苦闷中书写，很大程度上源于他对文字的挚爱。既然战士应该牺牲在战场上，演员应该将毕生精力奉献在舞台上，作家就应该将全部热情投入到文学事业中，不然，他总会感到遗憾，会觉得是浪费了有限的生命。其实，我认为结果不重要，重要的是过程，奋斗的过程可以让人回味良久，满心幸福。

我们走近曹禺，就走近了坚韧、执着、奋斗和勇气。走近曹禺，也就走进了整个民国时代大师们的生活中。正如众星捧月一样（这样说绝没有贬低他人的意思），我们姑且将曹禺先生看作明月，其他民国大师看作众星。其实，中国不乏文人和大师，但民国作家中，老舍先生和曹禺先生能被美国邀请去纽约讲学，本身就可见曹禺先生在那时那地的影响之大。只是，曹禺先生在当时可能还算不上是主流作家，比他风光的人多的是。比如胡适之就是其中一个。曹禺先生当时将中国的戏剧艺术带到美国，不能不说是中国人的骄傲和自豪。平淡无奇地叙写曹禺先生的一生固然重要，但倘若能在了解曹禺先生其人的同时，获知更多有关民国作家的鲜为人知的逸闻趣事，也实在是令人欣喜不已的。但愿这本书能满足读者的愿望，在客观了解曹禺先生的情况下，对民国文学界也能有个初步的了解。这样，书中或理智或诙谐或伤感或严肃或主观或客观的描述，读者定能理解和包容了。

曾经，在网络上闹得沸沸扬扬的“韩门代抄”事件，让“韩粉”们义愤填膺。天涯杂谈栏目可谓现场直播，一边是韩寒和方舟子的口舌笔墨大战，一边是众多的看客和解说员饶有兴致的解说。我们且不说方舟子和韩寒孰胜孰负，本来“文无第一，武无第二”，口舌之争的输赢是很难评定的，他们的胜负和我们一介小民也毫不相干。但他们到处搜集资料，居然将曹禺先生和冰心先生的手稿发到天涯论坛，而且像哥伦布发现新大陆一样，大肆宣扬，说：“我找到曹禺、冰心手稿是抄写的铁证了！”我们且不管方舟子是怎样一个人，不管他是不是流氓地痞，也不管他好惹不好惹；我们也不必去在意韩寒是否年少气盛，意气用事，一意孤行。单看他们拿出这两份手稿来，便觉得有出来说说的必要了。先前我已经说过，按照我有限的阅读经验，生怕歪解了曹禺先生，亵渎了先生人格，可网络上沸沸扬扬的“方寒事件”，硬是将曹禺先生牵扯进去，这是不是太过牵强呢？

文学界的那点事儿，我糊涂得很，孰是孰非我不甚清楚，只觉得当今文坛尔虞我诈太多。是不是一方倒下，另一方才能崛起？如果这样，民国时候就不会有那么多大师存在了，他们早已在互相倾轧中一一灭亡。对于两位已经去世的老人，我们没有权力翻箱倒柜地去搜罗他们的文章，然后断章取义，用不可靠的臆测说三道四。我想曹禺先生若地下有知，定然会痛心疾首，为现代人钻窟窿打洞的本领而汗颜，也会为他那个时代文学的纯净而欣慰。

“寒门事件”告一段落，沸沸扬扬的炒作安静下来。我们不会老是沉浸在别人的生活中。可是，当我们静下心来，真的能“两耳不闻窗外事，一心只读圣贤书”吗？那些沸沸扬扬的吵闹声真的已经从我们的脑海中消失了吗？一定不会。

“寒门事件”让那些狂躁的灵魂暂时得到了满足，而我却在喧嚣的背后渴望找到一处安静的栖息地，就这样，曹禺先生的文字又重新走进了我的生活。

越是纷乱，越是想念曹禺先生，想念他用安静的写作为我们换来的精神食粮。一个人静静地捧着先生的剧本，走进他的世界中。

他曾写过一篇文章叫作《我很想念老舍先生》。这篇文章发表在《人民文学》1984 年第 4 期。文章中，他用平静的笔调，缓缓述说和老舍先生交往的点滴，表达对老舍先生的缅怀。末了他这样说："作品总说明写作的人。……我想念他，常常是感到人见不着了，才开始真正认识一个人。我说不出如何赞美老舍先生的话。他的作品已经是不朽了。我很想念老舍先生，尤其在纪念他八十五岁诞辰的时候，他却不在我的身边。其实，他是可以为祖国写出更多的好作品的。"

这些话倒像是说给他自己的。想念曹禺先生，在他离开人世二十年后，我才去真正关注他的一生，重新认识他这个人。正如他自己所说的那样，只有见不着了，才开始真正认识一个人。其实很多美好的事物都是这样，一旦失去了，才能懂得它的珍贵。曹禺先生是平凡而伟大的人，不管离我们多么久远，他的精神都是一道暖光，照亮我们心头的黑暗，给我们以启迪，以思考，以振奋，以安宁。我也一样说不出赞美的话，但他的作品足以让我在平凡生活中获得精神上的慰藉，足以感动我。并且，我也认为曹禺先生可以为祖国写出更多更好的作品，如果时代没有犯错的话。

二、痛苦是永恒的，快乐是短暂的

“人生好比钟表机器似的，上好了发条就走，而不知为什么要走，每一个人诞生了，出世了，就是一个‘人生的钟’上好了发条。”

“人生好比一场短梦，是无尽自然精神的短梦，常住的生命意志的短梦。”

“人生只不过是一幅飘忽的画面，被意志以游戏的笔墨画在它那无尽的画幅上，画在空间和时间上，让画像短促地停留片刻，和时间相比，是近于零的片刻，然后又轻轻抹去，以便为新的画像空出位来……”

这些关于人生的比喻，令人觉得可怕。哲学家叔本华认为“人生就是痛苦和无聊”。其实我并不觉得人生是这样，但“痛苦是永恒的，快乐是短暂的”好像还有琢磨的余味儿。对于这句话，很多人是能理解、有体会的。快乐的时候，时间转瞬即逝，而痛苦时，则觉得度日如年。所以很多时候，我们都是觉得痛苦那么漫长。我记得第一次看到“痛苦的苏格拉底，快乐的猪”是在林语堂的某一篇文章中，这也是哲学家的感叹。实际上仔细想想，人生来仿佛就注定要痛苦。越是敏感的心，越能觉察到人生的不幸，思想越深邃，越是觉得人生缥缈。苏格拉底是大哲学家，因而他痛苦；猪头脑简单，所以快乐。

歌德也说，“天才的命运注定是悲剧”。动植物虽然也有生命，但有研究表明，植物没有痛感，低等动物痛感甚是微弱，高等动物痛感强烈，人的痛感达到顶峰。这样说的意思就是，智力愈发达，痛苦愈多，所以天才最痛苦。大千世界中的种种都能刺激天才那多情而敏感的心灵。一个不经意的触动，对他来说，都能掀起一场心灵的风暴，就像一只蝴蝶扇动翅膀就能引发一场海啸一样。

孤独好像特别喜欢在热闹的场合中悄然到来。喜爱孤独的人，已经将孤独融进骨子里，在嘈杂的环境中，孤独会悄悄啃噬心田。真正的孤独，不是一个人独处时的感受，不是将自己禁锢在一隅，孤身一人，而是即便身处沸腾喧闹的人群，心却与外界隔着一层膜，别人无法走进自己的心灵，自己也无法敞开心扉接纳尘世的纷扰。

但是孤独不意味着冷漠，孤独的心可以是火热、滚烫的，翻涌着对人生执着的爱。孤独的人多半是孤傲的人，因为他把世界看得太透，反而觉得别人无法理解他。曹禺先生在他的戏剧王国里就是孤独的人，一个人默默做孤独的旅者，思考人生的意义。他沉浸在一个人的世界中而忽略尘世的冷暖寒凉。他将孤独的情感倾泻在剧中，所以他的戏剧主人公很多都具有和他一样的特质。

《日出》中的主人公陈白露在喧哗的尘世中过着纸醉金迷、灯红酒绿的生活，尽管世界展现在她面前的是热闹、祥和、歌舞升平的景象，但这都是假象啊！心灵的孤独任什么繁华都填补不了。

无意间看到这样一张照片，画面上当众人都在熙熙攘攘中拍照、寒暄时，只有曹禺先生站在舞台中央，显得那么孤独。

我看着曹禺先生的这张照片，联想到很多很多。这张照片让我的心满是酸楚。

这张照片没有经过特别的处理，也没有光和影的变换。可是，它体现出曹禺先生内心深处的孤独。那一瞬间，他在人群中显得多么不协调！仿佛他离开，世界才显得完美。是的，他若离开，世界就变得其乐融融。但作为一个戏剧天才，他在任何时候都是孤独的，谁能将孤独从他的体内剥离？

曹禺是20世纪戏剧界的天才，他的一生都充满苦闷，一生都充满忧郁。他的忧郁是有源头的，从他的父亲到他自己，忧郁从来都如影随形，没有离开过。他的忧郁是骨髓里的，驱之不去。

曹禺是中国话剧的象征和符号，他一生都在不停地写戏，也在不停地看戏、演戏。小时候他常常和继母一起去看戏，看台上凤冠霞帔，演员们满面油彩，长长的大袖子甩来甩去，动作娴熟、轻盈，这时候，他的内心便涌起演戏的欲望。台上的表演动情、动性，仿佛有撕碎人心的力量。舞台拐角处的乐队投入全部精力，二胡旋律悠扬婉转、跌宕起伏，和台上的表演相得益彰。这是这么美妙的时刻！舞台上的演出吸引着他，使他觉得，人生好像就是这样。那些大姑娘、小媳妇、老太太都掏出小手帕在眼角擦来擦去，眼泪仿佛是永不枯竭的小河流水，静静地、汩汩地流淌进他的心田。从此，他觉得自己的一生便和戏剧紧紧绑在一起了。

可是，这个不平凡的话剧天才，他辉煌的艺术生命仅仅持续了十年，便如花儿一样，凋零了。他在 23 岁时就能写出惊世之作《雷雨》，到 33 岁时，却再也写不出一部惊世骇俗的作品来。十年的快乐是短暂的，而痛苦则是永恒的。

实际上，在这十年中，曹禺也一直是忧郁苦闷的。或者说，忧郁苦闷一直伴随他一生。曹禺留给我们的是一个伟大而苍凉的身影，也是一出华美而伤感的人生话剧。

1910 年 9 月 24 日，曹禺出生在湖北一个富贵人家。但母亲在他出生不久后因为产褥热去世了。后来曹禺常说："我从小失去了母亲，心灵上是十分孤单而寂寞的。"直到晚年，一提到生母，他仍然很悲伤。可见他的悲伤忧郁是骨子里的。他的父亲万德尊是一个军人出身的官僚，爱好诗文，当过中华民国大总统黎元洪的秘书，后来郁郁不得志，脾气暴躁，好动肝火。哥哥和父亲不和，简直到了互相仇恨的地步。母亲去世后，父亲便让曹禺的小姨薛园南来照顾他。后来父亲和薛园南结婚。曹禺在这样的家庭环境中从来就没有开心过。父亲因为仕途不顺，和继母两人成天躺在椅子上抽大烟，整个家庭“像沉静的坟墓，陷在死一般的迷茫中”。他痛恨这一切，将自己关在阴暗的小房子里，不愿出来。落寞孤独和忧伤啃噬着他那颗幼小的心灵。当他长大听到母亲的故事后，更加忧伤。那个年轻的 18 岁的生命因为他而过早和这个世界诀别。对于一个忧郁而敏感的天才来说，这无疑是一个巨大的打击。从此，曹禺的心灵渗透着、蔓延着失去生母的悲戚。随着年龄的增长，这种失去生母的孤独感和寂寞感非但没有减少，反而扩展了，膨胀了，成为苦闷的发酵粉，凝聚在他心灵的深处。这样苦闷而悲伤的童年影响了他一生。也许正源于对母亲的敬重，曹禺在以后的创作中总是赋予女性以无限的赞美和同情。

我们理解先生在文字背后浸透的血泪，那是对母爱的呼唤。试想一个从出生就没有见过母亲的人，在许许多多赞美母爱的艺术形式面前该是怎样的痛哭流涕。这是他人生最大的缺憾，也是他一生忧郁痛苦的源泉。无论以后的生活中遇到多少女性，拥有多少爱，没有哪一个人能和母亲相比，没有哪一样爱能和母爱相比。所以我要说，他的忧郁是深入骨髓的，如影随形，任何安慰都不能抚平。人间最圣洁、最灿烂的爱他没有体会，这叫人情何以堪啊！

在他的四本巨著中，他最喜欢的要数《日出》。因为《日出》是建立在他对社会扎扎实实了解的基础上的。《日出》也是最令他痛苦的一部话剧。写到情绪爆发的时候，他摔碎了两岁时后母给他买的心爱的瓷观音，他紧紧攥着那些瓷片，直到“一滴一滴快意的血，缓缓地流了出来”。

三、因为敏感，所以苍凉

1935 年 3 月 8 日，著名影星阮玲玉因无法忍受社会舆论的压力，服毒自杀身亡。消息传出，各界为之震惊。阮玲玉的一生如昙花一现，短短 25 个春秋，给人留下美丽而苍凉的一瞬。在她短暂的十年艺术生涯中，她创造了众多不同阶级、不同命运、不同性格的妇女形象。1935 年春，《新女性》上演后，阮玲玉主演的人物遭到人们的非议，她的私生活也被“曝光”。而先前与丈夫张达民的离婚协议又被张达民否认。张达民向法院上诉，法院遂定于 3 月 9 日传讯阮玲玉。阮林玉深感压力，她留下遗言说“人言可畏”，就永远离开这个令她畏惧与悲伤的世界，独自远去。

影星阮玲玉被流言逼至自杀是一个导火线。曹禺此前还曾听闻一些交际花被抛弃后服毒自杀的事件，他那种对女性素来的同情驱使他想要塑造一个角色——一个美丽单纯、在绝望中自杀的交际花。不知是怎样的一种巧合，他又想到艾霞之死。艾霞是《新女性》中扮演另一位女主人公的女演员，她在《新女性》上演后也选择了死亡。临死之前她说“人生是痛苦的，现在我满足了”。这种种因素糅合在一起，让曹禺不得不将心中的抑郁表达出来。于是，他决定构思《日出》了。

为了写《日出》，曹禺曾到山西太原妓院聚集的地方去调查。走进那狭窄的胡同，一股刺鼻的气息就迎面扑来。川流不息的各色人等在妓院中进进出出，昏暗的灯光映照出一张张毫无生气而病态的脸。那些女人像笼中的动物一样，任嫖客们挑选。在曹禺看来，这些女人就是锁在人间地狱里的可怜的动物。

他终于带着惴惴不安的心混在里面，和妓女面对面地交谈，他有了一种惊人的发现。在那最黑暗的角落里，在那些污秽掩盖着的“可怜的动物”身上，他发现了人间美好的心灵。

他的这部戏剧中，陈白露的命运是一个悲剧，她饱尝被出卖的痛苦。曹禺在创作这部戏剧时，是将一颗心融入其中的。曹禺在谈到《日出》的创作时曾说，他痛心地感到这些有“金子似的心的”妓女犹如一个个“可怜的动物”，在这里上演着“求生不得，求死不能”的人间惨剧。正因为如此，曹禺的心灵中才掀起巨大的波澜甚至是风暴。

写到这里，我的心也突然悲哀起来。曹禺先生赋予陈白露混乱不堪的生活，又赋予她金子般的心灵，当理想和现实差距太大时，痛苦就是必然的了。死或许是陈白露唯一的出路。生活呈现给陈白露的，是一张血盆大口。她的理想被现实击得粉碎，她告别天真无邪的童年，在生活的旋涡里挣扎。她出身于书香门第，知书达理，却不是富豪小姐。我真真切切感受到陈白露的悲哀，感受到曹禺先生的悲哀。他未必想把陈白露塑造成这个样子，是生活、时代让他不得不这样做。精神上的毁灭足以置人于死地。

“理想很丰满，现实很骨感”，我们总是在强调这句话。生活呈现在我们眼前的并非都是美好，当丑恶一次次侵袭而来时，我们要用怎样的心去接纳？每妥协一点，心灵上就受到一点污染，到最后，灵魂就会被污浊的东西染遍，你的心也就会成为一块破抹布，上面沾满细菌。

我们每个人刚出生时，心灵就是一湖清水或者一块白纸，在生活的大染缸中，我们一点点被浸透上其他颜色，甚至是黑色。当你做一件恶事，哪怕极小极小，你都在心灵的白纸上画上一个黑点，在心灵的湖水中滴上一滴污水，这样，几十年后当你回头，会惊讶地发现，原来你的灵魂几乎没有干净的地方了，而曾经清澈的湖水也早已污浊不堪。

可是，有时候生活逼着我们改变，让我们在泥沼中沉陷，沉陷……看不到希望。

曹禺先生在创作剧本时，一定也常常被这些无法抑制的情感包裹，被生活的邪恶冲击，这些促使他不得不完整地将人生的悲苦呈现出来。无论是剧中人物还是作者，都在精神的落魄中忧郁、沉沦、挣扎。这样用心血创作出来的作品，又怎能不具有震撼人心的力量？那一滴一滴的鲜血就是一朵一朵开放的小花，是剧中人物的命运凝聚而成的小花。它激荡着我们的灵魂，让我们在触目惊心中反观生命，并思索未来。

读者如此，作者更是如此。

所以我要说，作者在创作某一个人物形象时，都是在表达一种心声。曹禺先生在陈白露身上投入了过多的感情，未来和现在陈白露不能掌控，曹禺先生也不能掌控。

他的心在滴血，“我的肺腑啊！我的肺腑呵！我心疼痛，我心在里面烦躁不安，我不能静默不言”。那些恶毒、贪婪、邪恶在狞笑着，它们摧残人性、扭曲灵魂。这又让他忧郁和痛苦。他为他的思想而痛苦，为社会的阴暗而痛苦。生与死，爱与恨，悲悯和大爱折磨着他的心。

哲学大师说，艺术审美是暂时摆脱痛苦的有效途径。要摆脱痛苦，获得暂时的快乐，可通过艺术途径获得。即沉浸到对艺术的追求中去，暂时忘却生命的烦恼。关于艺术审美，哲学大师叔本华为我们精心描绘了一幅关于冬天的夕阳图：

在严寒的冬季，大自然处在普遍的冻僵状态之中，斜阳的余晖涂抹在堆砌的瓦砾之上。这一抹夕阳看起来那么柔和，它让我们忽略了脚下的瓦砾，忽略了黄昏的清凉，忽略了即将到来的黑暗和寒冷。我们的注意力单单放在那一缕光线上了，仿佛看到夕阳的背后，跳动着生命的焰火。

我们的心安顿在大自然中，达到了人与宇宙合一的境界。物我两忘的境界中，我们才能暂时摆脱烦闷的枷锁，获得片刻的宁静。曹禺先生看到黑暗悲苦的社会，他的心被紧紧揪在一起，这种痛苦一定要通过某种方式才能发泄出来。他选择了话剧，让一切痛苦在舞台的霓虹中展现出来。他的心融合在了戏剧中，在戏剧中他暂时摆脱烦闷的枷锁，获得片刻宁静。他的敏感使他的痛苦比我们常人感受到的要深得多，多得多。他的戏剧展现出来的气质是忧郁的，孤独的，他所塑造的形象也是孤独忧郁的。我想，在他“快意地流血”的同时，一种心灵获得释放的快意也涌遍全身——片刻的宁静是那么珍贵。

我一直都说，敏感的心灵大多都淤积了太多的忧郁。

他的忧郁一直围绕在他身边不曾离开。不过，他是天才的剧作家，他的忧郁可以通过艺术的花朵释放出来。大哲学家康德指出：“不要以为抑郁质的人不懂生活乐趣，总是陷于苦闷中，不！只是在受到外来影响或内在影响时，他比别人更容易陷入这种境地而已。”所以说，生活中曹禺先生并非老气横秋，他也有很多可爱的地方，而且在对待子女的教育问题上，他很开明，很和善。

万欢曾经这样写父亲："一闭上眼睛我就能看见他拄着拐杖兴致勃勃地快步走来，亮闪闪的眼睛像孩子似的四处张望……不错，我爸爸是一位伟大的戏剧家。但对我来说他首先是知己，是朋友……在我儿时模糊的印象里，他坐在柜子旁的沙发上看书，我和姐姐把他的肩膀、脑袋当成大山，攀来爬去，一直爬到柜子上，感觉自己高大极了。我们还在他的脑袋上玩锄"草"种"庄稼"，把他的头发揪得乱七八糟。我记得爸爸很忙，不是关在小书房里写作，就是出门开会看戏。有时候很晚回来时我们已经睡了，他会兴冲冲把我们弄醒，在床上和我们疯玩一通。"（摘自《写在爸爸曹禺百年诞辰之际》）

曹禺先生恰恰印证了哲学家康德的理论。不管怎么说，曹禺先生给我的感觉依然是严肃的，哪怕笑，也是含泪的微笑。

历史上有许多文人自沉于湖泊。比如屈子自沉于汨罗江来彰显自己的清白，老舍在"文革"期间自沉于太平湖，一代国学大师王国维也自沉于昆明湖。我认为他们都具有忧郁的气质。现代诗坛中，更有很多诗人郁郁寡欢，选择以自杀的方式结束生命。曹禺先生和他们都不一样，即使在"文革"时代蒙受巨大耻辱，他也一直热爱着自己的生命，并以顽强的精神投入到对理想的追寻中。他用含泪的微笑面对生活，虽忧郁却不消极，虽悲情却不悲观。毫无疑问，在生活的打击面前，他有一颗坚强的心。"他具有深刻的人类尊严感，他懂得自己的价值，并把人看作值得尊重的生物。”

令人惋惜的是，他的艺术生命只维持了十年。晚年的曹禺是苦闷的，为案牍劳形而苦闷，为不能自由创作而苦闷，为别人的不理解而苦闷。“太阳升起来了，黑暗留在后面。但是太阳不是我们的，我们要睡了。”这是《日出》的结尾，陈白露最后的台词，也是曹禺创作《日出》时最先想出的一句话，它仿佛谶语，概括了曹禺后半生的遭遇和苦闷。

“文革”期间，曹禺被红卫兵抓走。然后，曹禺就不再是北京人艺的院长，而被安排在剧院看大门和扫大街。十年里，曹禺只能并且必须要做的一件事就是“认罪检查”。十年时光啊！消磨了多少人的意志！

1974年，曹禺妻子方瑞吞下大量安眠药去世。这让曹禺先生悲痛万分，他像一具没有生命气息的躯体，“不思不想，守候着那无涯的暗夜”。也许在那一刻，他才更深刻地懂得，世界本身就是无，无牵无挂，无爱无恨，无悲无喜，甚至连自己的躯体都是一个多余的存在。可是，果真如此吗？如果真的可以毫无牵挂，没有思想，没有灵魂，又何来心力交瘁的疲倦和忧伤？

当曹禺先生熬过了这十年，回首往事，多的只是唏嘘。那段历史不忍忘记，也不能忘记。时间可以改变一个人，可以摧毁一个人。正如我在一首诗中这样写道：许多事物都把时间当作一生克服的对象。但谁能战胜时间？不过是捡拾落叶一片，夹在书本中，做一段记忆的标签罢了。

古人云："俟河之清。"在人生短短几十个春秋中，有多少个十年可以挥霍，等到阴霾散尽，横笛吹响的时候，也许早已时过境迁，物是人非了！

四、月是故乡明

“我的故乡不止一个，凡我住过的地方都是故乡。故乡对于我并没有什么特别的情分，只因钓于斯游于斯的关系，朝夕会面，遂成相识，正如乡村里的邻舍一样，虽然不是亲属，别后有时也要想念到他。”这是周作人的故乡。他在《故乡的野菜》中这样写。实际上他写的是很含蓄的。一切皆为故乡，但心中永远眷恋着的只有一处，那就是浙东。可是他不说，这是他的狡黠之处。

自古以来，故乡就是文人墨客的书写对象。一切得意失意好像总要向故乡倾诉。一切疼痛都会在故乡的安抚下消失殆尽，一切喧嚣仿佛也只能在回到故乡的那一刻远离。苍茫天地虽大，属于自己的就是那么一块干净的地方。

为什么我们对故乡总会有一种深深的依恋？我想，人之初性本善，而故乡恰是我们孩童时期生活的地方。孩童是善良天真的，一切美好的事物都在孩童的心灵里沉淀下来，直到几十年后，在复杂的尘世看够了尔虞我诈，回想起来，故乡就带上返璞归真的味道了。

“昔我往矣，杨柳依依；今我来思，雨雪霏霏。”这是《诗经·小雅·采薇》里的句子。过去我离开的时候，杨柳随轻风飘拂，像是依依不舍；而今我又来到这里，雪花飘零，雨雪霏霏。故乡物是人非事事休，家里等待的亲人早已望穿秋水，叫人情何以堪。

“露从今夜白，月是故乡明。”这是唐代诗人杜甫《月夜忆舍弟》里的句子。山河破碎，在异乡的戍鼓和孤雁声中观赏秋夜月露，只能长叹一声！那种思念故园的情感引起多少人的共鸣！

关于故乡的文字总是那么抒情，因为自己的血脉连着故乡的根。

林语堂先生在写故乡时这样说：“ 一个人在儿童时代的环境和思想，和他的一生有很大的关系。我对于家乡的环境所赋予我的一切，我都感到很满意。”他认为一个人的性格和他从小生活的环境有很大关系。可以说故乡造就一个人。他在以后的人生旅途中，一切成败得失，无形中都好像和他的故乡有关。这话说得是很有道理的。我以为故乡生活是一个人心底最为清晰的记忆。故乡的人和事在你小小的心灵中扎了根，人们的生活方式在一定程度上会影响你，甚至改变你。你或许自信，或许自卑，或许冷漠，或许热情，这些都是你从故乡学得的。对此，我深有感触。林语堂是一个幸福的人，因为故乡给予的一切他都很满意。

相对于林语堂来说，曹禺先生就多了一些辛酸。虽然他也写故乡，可故乡终究只能是他心头的一种念想。

曹禺先生在散文《我是潜江人》中这样写道："多少年来，我像是一个没有故乡的人，我走过不少地方，没有一处使我感到这是我的故乡，是我的父母之邦。我像是一只南来北往的飞鸟，山山水水，高山平原，我认识许多人，听过许多熟悉的和不熟悉的声音，但没有一处使我感到如此亲切，如此动心。像'潜江人'这三个字，使我从心里觉得温暖明亮。人问我：'你贵处哪里？'我答'潜江'。我从来没有到过潜江，但是，近八十年了，我认为我是潜江人，这种贴心的情感不知怎样造成的。"

这样写，有一种无奈和心酸的味道。潜江是情感上的故乡，而非地理意义上的故乡。爱上一个地方，就把它作为自己的故乡，哪怕这儿没有留下他童年的欢声笑语，没有童年的歌谣。不爱这个地方，它就不是自己的故乡，哪怕这儿曾经盛放着他的童年、少年和青年的记忆。

情感漂泊的人是没有故乡的，写完这句话，除了一声叹息，什么都没有。甚至，连叹息都是轻飘飘的。

李白在《渡荆门送别》一诗中写“仍怜故乡水，万里送行舟”。第一次出远门的他，还未离开故乡，便已思念故乡。仿佛看到从故乡流淌出来的水，顺着小船一直流啊流，流到万里以外的地方还在为他送行呢！可曹禺先生的故乡呢？他从未到过故乡，却早已将潜江认作故乡了，只因为那是他父母生活的地方，是他感情依附的地方。可是他连自己的母亲也没见过啊！这样想来，真的有一种无法言说的悲伤悄悄啃噬内心。父母在哪里，哪里就是家，可家里已经没有了母亲。到如今，连故乡都不曾去过，更别说在故乡待过，受过故乡的抚摸和爱怜了。

“月是故乡明”。潜江在曹禺先生的心目中，就是实实在在的故乡，这里有血浓于水的亲情。故乡接纳一个远离它的游子，是不需要语言的，那份默默无声的情感早已让漂泊无根的曹禺先生感受到了母爱般的温暖。

1989 年，在曹禺先生住院期间，潜江人民邀请曹禺参加“曹禺著作陈列馆”的落成典礼。因为还在病中，曹禺先生不能出院，也就遗憾地和这次典礼擦肩而过。他因此写下《我是潜江人》这篇动情的散文。

曹禺先生生于天津，没有到过潜江，他从小听惯了爷爷奶奶浓郁的湖北乡音，于是湖北就和他的童年融合在一起。曹禺先生用诗情画意的语言写出对潜江的向往和热爱，甚至还写了一幅字来表达这种感情：“悠悠白云，故乡情切。”他向女儿万方描述：“游子在远方，有人问他的家在哪，答曰：就在那白云的下面。”后来居住天津，只要听说是潜江来客人了，他便表现出异常的兴奋，他就觉得是家里来人了。

他对故乡那种模糊的认识、强烈的眷恋都让人觉得他的故乡情结充满着浓厚的悲剧色彩，这更进一步证实了他一生的悲凉与孤独。故乡之于他，很多时候都是陌生的，可在他的意识中又是那么亲切。这和席慕蓉的故乡情结有很多相似之处。

台湾女作家席慕蓉 1943 年出生于四川，成长于台湾，但她的父母皆来自内蒙古。草原和故乡对于她来说，一直是一种期待与守候。直到人到中年的时候，她才初临故土。她说“在没去内蒙古前，我是一个模模糊糊的蒙古族人”。虽然她没有在内蒙古大草原上生活过，但她小时候却能讲一口蒙古语。因为，她的父母来自辽阔的草原。她的血液里沉淀着故乡的情结和渗入生命里的蒙古族的血统。就像曹禺先生的身体里流淌着潜江人的血液一样，这是无法更改的事实，是灵魂深处的守护。

如果说曹禺先生对潜江是模糊的、陌生的，那只能说明潜江是曹禺先生物理意义上的故乡。对于他心灵的故乡来说，潜江是热情的，与他保持着血与肉的关系。他像潜江的一只飞鸟一样，在故乡的蓝天下越飞越高。只要他在，他就会把“我是潜江人”告诉每一个关爱他的人。而潜江人也将永远用实际行动去纪念缅怀这个伟大而平凡的灵魂，用属于潜江人特有的方式将曹禺的戏剧精神、戏剧文化传递给每一个人。

五、今宵酒醒何处

我用柳永《雨霖铃》中的句子“今宵酒醒何处，杨柳岸，晓风残月”来概括曹禺先生的文学之路，也引用曹禺先生的一篇小说题目来概括他的文学之路。

唐诗宋词是中国文学史上的两朵奇葩，具有恒久不衰的生命力。柳永是北宋时期最具代表性的婉约派词人。他的词多描绘城市风光和歌伎生活，尤长于抒写羁旅行役之情，创作慢词居多。他的词铺叙刻画，情景交融，语言通俗，音律谐婉，在当时流传极其广泛，人称“凡有井水处，皆能歌柳词”。而曹禺先生第一次用笔名“曹禺”发表文章，作品的题目用的就是柳永之词，可见他对柳永的喜爱。曹禺先生是性情中人，对唯美人生充满向往。他既与文字结缘，也与孤独和浪漫结缘。中国近代著名的国学大师王国维曾在《人间词话》中说，古往今来，凡是能成大事业，大学问者，无不经过三种境界：“昨夜西风凋碧树，独上高楼，望尽天涯路。”“衣带渐宽终不悔，为伊消得人憔悴。”“众里寻他千百度，蓦然回首，那人却在灯火阑珊处。”仔细体味，会发现这三种境界都是寂寞的。所以忍受寂寞，在寂寞中磨炼自己，才能有所成就，才能名垂千古。曹禺先生何尝不是这样的呢？这三种境界，对于他来说，都是一种能力。他既然将《今宵酒醒何处》作为处女作的题目，便充分表现了他对古典文学中浪漫因素的喜爱。这篇小说深受郁达夫《春风沉醉的晚上》一文的影响，浪漫主义印记清晰可见。它带有自传性质，从一个侧面表现出了曹禺内心涌动的孤独情愫。一个热爱文学的青年多是忧郁的，他把对爱情的苦闷、忧郁倾注在这篇小说中，曲曲折折地透露出个人感情成长的经历。

提到他的这部小说，少不得要多说几句。现代文学史给曹禺先生定位为中国现代著名的剧作家，说到他的作品，我们常常想到他的戏。其实，曹禺先生不仅写了戏剧，还有一些散文和小说，甚至还有诗文。中篇小说《今宵酒醒何处》原载于 1926 年 9 月天津《庸报》的《玄背》副刊 6 至 10 期，因为连载刊物遗失，我们现在所能看到的都是残缺的稿件。这部小说是曹禺先生发表的唯一一部小说，也是作者首次使用笔名“曹禺”，当时的他年仅 16 岁。

我将小说部分内容摘录一下，以供读者欣赏。

这一次夏震的复书却收着了，是一封字迹潦草的长信。

文伟：这是寂寂的夜半了。窗外秋雨仍在淅沥，斜雨吹进峭寒，细冷的雨丝滴湿面前的信纸。阵阵狂风过后，黑暗中唯闻秋叶沙沙地诉苦。室中静悄悄地，除了永不属我的瘦影，便是凄惶的自己。天气如许，偏又如此孤寂。B地客居的光景，想江南的好友再也想不到吧。

心花已经枯槁了，我的思想记忆已日渐衰颓，大脑总昏沉着发痛。假前优美的幻想早已埋入坟中，现在只有空虚落寞占领着死闷寂寥的空气。文伟，腹内的苦情道出刘心的痛苦，让它腐败在久死的心室里，又感觉说不出的凄闷。在秋风中乱转的黄叶，终要留下它飘零的痕迹。唉！让它留迹罢。

按说是“物以稀为贵”，曹禺先生正是因为小说写得少，才更应该给予关注。可是不，一些研究者往往忽略了这部作品。我觉得这部作品很有拿出来说说的必要，因为这是一个十六岁的孩子写出来的，这部作品体现出“五四”时期知识分子的落寞，也体现出曹禺先生的苦闷。一个十六岁的孩子，在我看来，他的思想还是不成熟的。他的所谓的孤独，在我看来也是“少年不识愁滋味，为赋新词强说愁”的孤独。但我细细读了这篇小说，发现年少的曹禺比同龄的孩子要成熟许多。他的忧伤和苦闷仿佛脱离了一个孩子的年龄，给人以深沉之感。环境造就人，什么样的环境培养什么的性格。曹禺先生从小生活在那样的环境中，怎能不早早懂事呢。

从小到大，曹禺先生在物质生活上是富裕的，但我一直觉得他在精神上是痛苦的。因为他没有母亲，不理解人世间最无私、最纯洁的母爱究竟是什么样的。而且，他找不到一个可以一诉衷肠的知己，他曾经说整个家庭就是一口死井，没有一点生气。所以苦闷是刻进了他的骨子里的。我想，他除了将自己关在房间里埋头苦读，就没有别的消遣的方法了。这恰好为他知识的积累奠定了基础，为他以后用文字抒发内心的苦闷奠定了基础。

而且，“五四”运动时期，曹禺先生正处于青少年时期，新旧思想的碰撞对他有很大的影响。那时候觉醒的一代青年知识分子正如鲁迅先生所说：“那时候觉醒起来的知识青年的心情，是大抵热烈，然而悲凉的。即使寻到一点光明，‘径一周三’，却更分明地看到了周围无涯无际的黑暗。”可以想见，当时的文坛上也笼罩着孤独、彷徨、虚无和迷惘。而曹禺先生的《今宵酒醒何处》就诞生于那时，应该是时代的产儿。所以小说中的主人公也是苦闷的，各有属于自己的性格特点。

暂且将小说内容放在一边。

“五四”时期文人身上大多都烙有时代的印记，苦闷的印记。先前我曾说过，如果我们在研究曹禺先生的同时，能意外获取民国大师的生存状况，也算是本书的一大贡献了。毫无疑问，“五四”时期有很多现象值得我们去发现、挖掘。

鲁迅先生曾试图探寻当时知识分子爱情“苦闷”的某种根源，这是鲁迅的深刻；郁达夫曾在小说《沉沦》中塑造“他”这个形象，这是郁达夫的深刻；而曹禺先生在《今宵酒醒何处》中塑造夏震这个形象，这是曹禺先生的深刻。还有郁达夫《迟桂花》中的“我”，鲁迅《在酒楼上》的“我”以及叶圣陶《城中》的丁雨生等，都是带有苦闷的情绪的。

无意间将曹禺和鲁迅放在一起了。

事实上，曹禺和鲁迅确实是有过交集的。曹禺对鲁迅仰慕已久，当时《雷雨》的发表和上演在社会上引起了极大的轰动。曹禺声名大振，也很快得到鲁迅的关注。1936 年 2 月 15 日的《鲁迅日记》有这样的记载：“在书店花二元二角，购得一部日译本的《雷雨》。”同年 4 月 22 日，鲁迅收到曹禺寄赠给他的日译本《雷雨》，书上还写着“请鲁迅先生校正”。这真是“文人相亲”而非“相轻”。

1936 年，曹禺先生在国立师专任教期间曾去看望过巴金先生。他告诉巴金自己曾把《雷雨》的日译本寄给鲁迅，希望能得到鲁迅指点，并且说自己非常渴望见一见鲁迅先生。巴金开始为他们的见面事宜张罗，定于 10 月 19 日在上海大陆新邨寓所见面，这给了曹禺莫大的鼓舞，也加深了曹禺对鲁迅的崇敬之情。可是，令人悲哀的是，就在曹禺即将拜见鲁迅先生那天的凌晨，鲁迅不幸在家中逝世。这使满怀欣喜的曹禺陷入了极大的悲痛之中。曹禺最终也没能和鲁迅谈一谈文学，他只能沉痛地瞻仰鲁迅的遗容。后来，曹禺在万国殡仪馆参加了鲁迅的葬礼和追悼会，在那浩大的送葬队伍中，曹禺感受到了人们对鲁迅的尊敬和爱戴。

未能见面，却已分隔在两个世界。每每和人说起这件事，曹禺总是感慨万分："这是我一生最大的憾事，但我要像鲁迅那样，用自己的笔为人民而创作。"

本要相见，却成了永别。世事难料，造化弄人。那时那刻，欲哭无泪，欲诉无言。有人说，一些人即便总在眼前，也注定不会成为朋友；而一些人，哪怕只是擦肩而过，那些美好的点滴记忆，却会长留心间。曹禺还未见到神交已久的鲁迅，却得到鲁迅去世的噩耗，本来可以是美好的初见却成了一生的永别。斯人已去，对于一个爱着人民，爱着周围一切的作家而言，鲁迅先生留给世人最大的财富就是他的作品，留给曹禺最大的财富就是精神上的鼓励和支持。

每一个人的成长中，都应该铭记这样一类人：他与你也许并不相识，却是你精神的支撑。你们从未谋过面，却能彼此欣赏，彼此关注。你们之间的交往是心灵与心灵的碰撞，是灵魂与灵魂的对话。这是心灵上的朋友，和酒肉朋友不同。

有时候，近在咫尺，却远如天涯；有时候，远在天涯却又近在咫尺。曹禺和鲁迅是属于后者，属于高山流水一般的知音。

不想探讨每个人作品的优劣，只是想说，一个年仅二十三岁的青年，怎么竟会写出这么深刻的文字来？他稚嫩的肩膀上究竟扛着怎样沉重的生活？他自己是苦闷的，他竟然还能将这种苦闷上升到时代的高度，所以说，从他的作品中可以看出，曹禺先生作为天才的作家，他必定会走上文学的舞台，并熠熠生辉。

而且，除了苦闷之外，他的多情和浪漫比起其他民国大师来，也更显天真。正因为他给人的感觉是严肃的，所以当他写出清丽的文字时，仿佛春风徐徐吹来，人们感受到的是与世隔绝的安宁和恬淡。

古人云：三日不读书，便觉言语无味，面目可憎。郁达夫小说摆在书柜上已有几个春秋，又是一年杨花落尽的时候，我于是拿了来，一鼓作气读完《春风沉醉的晚上》，又将《今宵酒醒何处》看了一遍。二者之间有某些相似处。郁达夫的作品给我的感觉是颓废的，可颓废中又有难以言说的美感。他擅长用主观情绪来结构小说，设置的意境优美，常常给人以余音袅袅之感，令人沉醉。我先前摘录的《今宵酒醒何处》中的两段，不也具有这样的美感吗？而且在《今宵酒醒何处》小说结尾，主人公夏震依然在那自吟自唱柳永“多情自古伤离别，更那堪，冷落清秋节。今宵酒醒何处，杨柳岸晓风残月”。二者在情绪上都带有哀调，在寂静的夜晚，在清凉的空气中震颤着我的灵魂。可谓无一字谈情，无一字不含情。《春风沉醉的晚上》带有自我的性质，而曹禺的《今宵酒醒何处》也带有自我的性质，无论从什么角度来欣赏，我都觉得曹禺是受了郁达夫的影响。我常常想，假若曹禺先生后来不是写戏剧，而是写小说，他会是第二个郁达夫吗？果真那样，现代文学史上会少了一位戏剧大师，少了百读不厌的戏剧经典，但也许会多了一位集忧郁和多情于一身的小说巨匠。

这是他最初的作品。“今宵酒醒何处”这一句词恰到好处地将他孤独忧伤的感情表现了出来，奠定了他一生创作的感情基调。

“今宵酒醒何处，杨柳岸，晓风残月。”这三句诗本是想象今宵旅途中的况味：一舟临岸，词人酒醒梦回，只见习习晓风吹拂萧萧疏柳，一弯残月高挂枝头。有凄清之气氛，有冷落之情愫，有清幽之风景，有绵绵之离情。这在曹禺一生创作中也会屡屡出现的吧？

前面已经说过，文学的道路是孤独的，一个人踽踽独行，辛酸快乐，甘苦自知。旅途中美丽的风景也只有自己一人欣赏，旅途中劳累坎坷也只有自己一人承受。这清凉之境非写文之人不可触摸。在他的处女作中，就很多次描绘了清幽清雅的动人之处。一个人如果没有浪漫的情怀，是没有闲情雅趣来建构一方心灵的桃源的。不管他有没有找到这一方净土，他是努力找寻了的。在他的戏剧中，往往都安排了令人心酸而忧郁的爱情悲剧。我觉得曹禺先生的创作是安静的，和杨柳岸晓风残月落满枝梢一样，整个过程都让人流连和回味。如果不是这样，他何以将写好的《雷雨》交给好友靳以而不追问结果？他是腼腆的、内敛的，曹禺先生的性格中不乏柔和的成分。

如果能醉一场也好！他是醉了，醉在自己的信仰中。舞台话剧是他精神上的支柱。他和剧中人物同欢喜共悲戚，与他们息息相关。就连后来他的女儿万方也陪着他一起醉了，他将对艺术的喜爱传递给了女儿。他从不说某一部戏怎样怎样，但是他让女儿去哭，去笑，去和他一起沉醉。他为女儿营造一个晓风残月的意境，让她感悟晓风的柔和，残月的凄美。他是女儿的老师，更是女儿的搭档和朋友。他为整个家庭营造出来的宽松自由和谐的氛围如清风拂面，竹影袅袅。这样的环境焉能不醉？

用柳永的词来形容他厚重的著作，也许有点单薄。但他孜孜不倦的追求中，又几时放弃过对美的执着？安静地写作，安静地生活。纵然以后的生活一波三折，爱情、婚姻、家庭生活也有诸多的不和谐，但任何时候都磨灭不了他单纯天真、浪漫唯美的性情。这是唐诗宋词给他的，更是他与生俱来的性格所致。隔了这么久的时空来看，杨柳岸晓风残月倒是和曹禺先生的人生重叠了。不管他后来创作的剧作如何，这中间流露出的沉静情绪始终是触手可得的。

六、心灵的艺术

实际上，依我看，曹禺先生作品中始终透出孤独和苦闷。他塑造的那么多的舞台形象，我们细细分析，有多少不在生活的旋涡中苦闷、沉沦，不能自拔呢？举几个例子来说，《雷雨》中，曹禺先生塑造的最震撼人心的人物形象是繁漪。我们同情繁漪，因为“一个女子……不能受两代人的欺侮。”她一生都牺牲了，如果她不拯救自己，那么她就像前面的空白一样，没有了。但是，如果仅仅是值得人同情，繁漪就不复杂。她复杂就复杂在她通过恶的行为来维护自己，来极力阻挠周萍和四凤的爱。她紧紧缠住周萍，因为她想挽回周萍对她的爱；她发疯一样跟着周萍，下着大雨，穿着雨衣，把四凤家的窗倒插，让矛盾在里面爆发；她还会在最后时刻把周冲拉过来，把周朴园拉过来。本来她一直反对她的丈夫，可是这个时候，她要借她丈夫的权威来制止周萍和四凤相爱。表面上看，她是一个疯狂的女人，用的是卑劣的手段。但实际上，她的动机不是要毁灭这个家，不是要毁灭周萍，而只是想通过自己的方式把周萍从四凤手里夺回来，至少不让周萍离开这个家。这个女人实际上从头到尾一直渴望实现她跟周萍之间的爱情。她就是用这种看似变态的手段使周萍和四凤的爱情变成了悲剧。

繁漪是不是苦闷的？周萍是不是苦闷的？四凤是不是苦闷的？周冲是不是苦闷的？他们都是苦闷的，像一群微不足道的蚂蚁，在人世间蠕动。“他们盲目地挣扎着，泥鳅似的在情感的火坑里打着昏迷的滚，用尽心力来拯救自己，而不知千万仞的深渊在眼前张着巨大的口。他们正如跌在沼泽的羸马，愈挣扎，愈深沉地陷落在死亡的泥沼里。”我们看剧中的那几个人物，他们的行动不仅仅是从他们的愿望出发，体现他们个人的意志，而且还体现了另外一个他们所不能左右的、不能控制的“命运”的意志。这就使每个角色的行为愿望与行为结果发生了冲突。他们越是努力想摆脱命运的摆布，结果越是陷入了命运的泥坑，曹禺说，《雷雨》就是他心目当中的“命运”，每一个在舞台上活跃着的人，都在雷雨的笼罩之下。每个人都在挣扎，在按照自己的意志挣扎。

这何尝不是曹禺先生自己在人世间的挣扎！苏州大学教授朱栋霖老师曾著《曹禺·心灵的艺术》一书，书中指出曹禺先生是一个热情、敏感的戏剧诗人，认为他在旧时代感受到的那种愤懑、痛苦、焦灼，汇涌成他内心“雷雨”式的激荡与热烈的情怀。曹禺的作品虽然有理性的思考，但更多的是苦闷情感的喷涌。曹禺是寂寞孤独的，他很多的浓郁情感都是通过文字表现出来的。感情淤积在心中多了，便需要寻找一个通道将其发泄出去。曹禺之于戏剧，正如很多人之于麻将、游戏、购物一样。女人生了气，往往去疯狂购物，在购物的过程中，专心挑选，用诸多漂亮的衣服物件转移自己的注意力，这样的做法常常能收到令人欣慰的效果。喜爱文字的人，他比常人要更加敏感、细腻，因而他的苦闷、苦痛也比常人多了几倍。文字可拿来作为消遣，亦可拿来作为情感的寄托。一个个文字就像一个个精灵，当它们翩跹在我们眼前时，我们倘若能拥之入怀，该是多么美好啊！那样，所有的孤独和寂寞都将远远遁去，世界纯净得只剩下文字，剩下袅袅不绝的余音和空旷无垠的遐思。这样，即便苦闷，也是令人欢喜的了。我有理由相信，曹禺先生在完成一部巨著后，他的内心一定充满脱胎换骨后的欣喜，一定充满忍受寂寞后重生的喜悦。

不光在《雷雨》中，我们能看出曹禺先生思想与灵魂的轨迹，在其他著作中也是一样。名震剧坛的《日出》中主人公陈白露是一个交际花，围绕在她身边的有银行经理、富婆、面首、杨教授。上层社会的纸醉金迷，聪明美丽女人的堕落，都令人唏嘘。曹禺先生还讲述了妓女翠喜和一个被卖到宝和下处的女孩

“小东西”的故事，通过对她们悲惨命运的描述，揭示了人间地狱般的黑暗。这时候的曹禺是不是苦闷的？肯定是。他就是要通过舞台形象，通过文学形象来鞭挞那个“损不足以奉有余”的社会制度。

《原野》这部戏剧受到了美国作家奥尼尔《琼斯皇》的影响，它把人灵魂中的自我搏斗搬上了舞台。曹禺先生通过这部戏剧深刻地揭示了农民精神方面的沉重负担，展现了农民从反抗到觉醒的曲折而复杂的心灵历程。那么，剧中的仇虎是不是苦闷的？黑子是不是苦闷的？金子是不是苦闷的？答案是肯定的，他们也在心灵的煎熬中苦苦度日。

再看《北京人》中的愫方，她那美好的心灵无时无刻不在遭受封建势力的摧残，她无时无刻不在挣扎，想要冲破封建牢笼……透过瑞芳和增霆的离婚事件，我们更深切地感受到瑞芳冲出牢笼的坚强意志和增霆内心的苦闷；通过增霆和袁圆那朦朦胧胧的初恋，我们更真切地感受到了在封建思想禁锢下的人向往新生活的要求。

也就是说，曹禺先生的《雷雨》《日出》《北京人》《原野》等著作都在一定程度上反映了他的苦闷情怀。所以朱栋霖教授称曹禺的作品是“心灵的艺术”。曹禺在那个时代是苦闷孤独的，其实任何一个时代都存在孤独苦闷。我们每个人都在寻求理解，寻找知己，但我们又有几人能理解别人，成为别人的知己呢？我们感叹，啊！知己多么难寻啊！啊！这个世界充满了欺诈和冷漠。吵吵嚷嚷中，我们还是将面具戴上，套上厚厚的外衣，只露出眼睛来打量这个世界。

人的心灵就是一扇窗户，你若打开，就会发现大自然的美丽，花香鸟语，草长莺飞，这些都不请自来。打开它，你就能迎来清风扑面，明月照影。你可以用一段琴声向自然敞开心扉，或者向朋友敞开心扉；你也可以用一篇文章倾诉你的喜怒哀乐，将生命中的阴霾驱逐出去，让友情的阳光照进来；你甚至可以把自己当作秋虫，在辽阔的秋天原野欢快地歌唱，唱给萧瑟的植物听，唱给原野上劳作的农人听，从而获得一种释放，在稼穑的清香里得到温暖的满足。这些在我看来都是心灵的艺术。不管如何，我们的心灵获得了片刻愉悦，在喜欢的事情中发现了生活的美好，这就足矣。

曹禺先生通过他的戏剧，将人世百相展现出来，悲苦也好，快乐也罢，都折射出他内心的情感。让我们通过文字走进他的心田，走进属于他心灵的艺术。不同的是，他的内心比常人要丰富得多，因此他所呈现给我们的文字要复杂得多，深刻得多。读曹禺先生的文字，就是和他至纯至美的心灵交谈。读先生的剧本，是对心灵的按摩、滋养、呵护。任何时候，安静地读书都能让我们保持积极的人生态度，从容豁达。从舞台剧本主人公的命运中反观自己，不迷失，不颓废，平平淡淡，从从容容。

一个懂得展现自我心灵艺术的人是幸福的。他会时时审视自己的内心，将目光聚焦在自己的心灵上；他会时时擦拭心灵，让它不蒙受尘埃；他会带着欣赏的目光看到简单的外表下闪光的东西，心生欢喜。无论通过何种方式，能让心灵舒展的工作，能让你的泪水尽情流淌的工作，我们都该去珍惜，并为之不离不弃。

七、相看两不厌

传说先秦的琴师伯牙一次在荒山野地弹琴，樵夫钟子期竟能领会这是描绘“巍巍乎志在高山”和“洋洋乎志在流水”。伯牙惊曰：“善哉，子之心与吾同。”子期死后，伯牙因痛失知音，摔琴断弦，终身不操。

知音少，弦断有谁听？执着，坚守，找寻，求索，到头来不过是南柯一梦，梦醒时分，发现美好的一切莫不是海市蜃楼，可望而不可即。到底谁能够和你一起坐看花开花落，云卷云舒？爱人？朋友？或许这些都是，又或许都不是。

曹禺先生是幸运的，也是幸福的，他有那么多关心他的朋友，那么多关心他的读者，人生至此，夫复何求？但，我此刻要说的是，曹禺先生的知音首先是文字，是费尽他一生心血的舞台剧本。

我广义地来理解高山流水，认为凡是能怡情养性、陶冶情操，能坚守珍藏的，都可谓知音，而不单单是尘世间人与人之间的纯真感情。高山流水是美丽的，在高山与流水的对视中，它们发现彼此的深沉和温柔。与自然晤谈，与花草树木及一切有生命或无生命之物沟通，就会发现，其实你一直在与自己的心灵交流。它们虽然无言，却仿佛千言万语。它们让你觉得不再孤单。

当所有人都远离我们的时候，至少，我们还有大自然。李白《独坐敬亭山》有句子曰：众鸟高飞尽，孤云独去闲。相看两不厌，只有敬亭山。

两相不厌，可谓知己。大自然的一切都是那么神奇，充满无穷的魅力。因此，历代浪漫主义诗人，他们的生命旅程中总有大自然的陪伴。青山，碧水，蓝天，白云，随意而自由自在地生存，没有钩心斗角，不需为蜗角虚名、蝇头小利而争执不休。所以，李白可以独坐敬亭山，寄情于山水，向自然诉说郁郁不得志的情感，在山水的灵性中找到自我。在风光旖旎、景色秀丽的敬亭山水中，他忘却人世繁杂，与青山绿水相交融，达到物我两忘的境界，虽然孤独，然而在长久的凝望中，他发现敬亭山的云海林涛仿佛也在含情脉脉地看着自己，许是心中多少有了安慰吧！

曹禺先生沉醉于戏剧表演中，他很小时候就跟随继母去看戏。在悠扬的二胡旋律中，大花脸来了，青衣出来了。从这些旧戏中，他感受着人间的真善美，领会着每个人物的精气神，他把他们的一举一动记在心间。没有哪一件事能让他如此神魂颠倒，如此痴迷。舞台、表演、戏剧于他来说，是不是知己？相随相伴一生的知己！

陶渊明，这个不为五斗米折腰的隐逸诗人，怀有兼济天下大济苍生的壮志，然而，在苟合取安、降志辱身的官场中，他无法施展自己的远大抱负。也罢！放逐山林，隐居山野，让尘世的烦扰都归于田园。虽然，“开荒南野际”的物质生活未必充裕，然而，他在精神上是愉快的。大自然的风物在陶渊明的眼中是清新明丽的，因为他对田园的执着，所以才有“采菊东篱下，悠然见南山”的惬意。田居生活在他的眼中是含情的，充满无穷的乐趣。如果说，人生得一知己足矣，首先，我们每个人便都拥有了自然这一知己，并且它永远会对我们不离不弃。只要你愿意，在和自然的对视中，总能找到心灵的归宿和安逸。人与山水之间的感情比起人与人之间的感情来，要纯净许多，纯粹许多。山水田园是人类永恒的朋友。

曹禺先生不同于陶潜，他不在田园中经营自己心灵的家园，而是通过一系列生动的舞台形象来演绎尘世的悲欢离合。他不陶醉于功名利禄，不为官场所困，自然也就没有退官隐居的意愿。他只是用手中的笔表达心中的情，让那些本真的面目在舞台上展现。现实社会固然有丑陋，有伪善，可舞台上，人们尽情展现自我，不需要扭捏，不需要做作。你看他的剧本，那么多鲜活的形象，他们哪一个不是生活的缩影？我们在现实生活中不能说出来的话，在舞台上被说出来了；不能做的事，在舞台上被做了出来。曹禺先生还能放弃他的剧本吗？不能！他必将永生守着他的“知己”，让心中之话语在舞台上倾吐出来！

说到这里，我则想起王羲之。“飘若游云，矫若惊龙。”这是后人眼中王羲之的书法。业余时间，细细把玩王羲之的《兰亭序》，不觉神思飞扬，如痴如醉。定睛细看《兰亭序》，虽然知道那仅仅是临摹本，依然心旌荡漾。那沧桑的抑或是新颖的表达，演绎着生命的绝唱。在王羲之的一生中，最为重要的活动便是书写。书法是他的挚友。纸墨都是有情之物，泼墨于心湖，寄托胸中喜怒哀乐。谁又能说，书法不是他的知己？所有的山水风光、自然景物，在他眼中无一不是书法的象征，不是书法动态、静态的表现形式。甚至，他在群鹅的蹒跚之态中也能悟出书法的精妙。如果没有他对书法的专注，就没有今天的《兰亭序》，就没有盘虬卧龙、俊逸飘扬的永恒之作。相看两不厌，这需要几多投入？几多付出？

人生有一知己足矣！虽然强调的是“一”，但是也可遇而不可求。“知我者谓我心忧，不知我者谓我何求。”《诗经》中如是说，引用来借以表达心中所念。想到伯牙和钟子期的友情故事，心中便溢满感动。酷爱音乐的伯牙从小就能悟出音乐的真谛，然而，懂得他的人何在？知音难求，知己难遇。我相信，当他用高山流水的弦音倾诉衷肠的时候，他的眼中定是满含期待，心中定是满含凄楚。在钟子期的坟前，将心爱的瑶琴摔个粉碎。子期不在了，没人懂得他的心声。想他弹奏悠扬的旋律遇到子期时，他该是怎样的欢欣！而相看两不厌的境界在很短的时间内破灭，伯牙又该是何等痛心！在摔琴的刹那，他的心便随着琴而碎了。没有了知音，找不到两相不厌的知己，弹奏的乐曲即便再动听，也没有意义了。这中间的深情不亲历，谁又能体会？好在曹禺先生没有伯牙的悲戚和遗憾。他不光有挚爱的文字，更有那么多善解人意的朋友，他们在他生命中成为不可或缺的一部分。文字于他，不离不弃，永远伴随在左右。他与文字深情凝望对视，感受相看两不厌的深情。曹禺先生一定是深谙李白诗句的精髓，一定是知道古之文人修身养性之道的。不管他身处怎样的时代，一颗纤尘不染的心从未失掉。他幼年时候跟随继母看过那么多古装戏，学习过那么多古诗文，古代文学的精华对他的影响可谓深矣！他对人生境界的理解也可谓深矣！而且又加上深受美国剧作家奥尼尔的影响，他真诚地热爱生活，热爱赤裸裸的生活，热爱生活中的美和丑，他的浪漫主义情愫通过他的文字诠释了出来。毋庸多说，相信读者早已感知文字和曹禺之间互相欣赏的默契了。

如今这种美好与执着已随着时代的发展而销声匿迹了。我们生活在浮躁而又功利的社会中，已经很少有人能够沉静下来，去和自然对语了。人们每天忙忙碌碌，在虚名和蝇头小利之间穿梭，在金钱至上的社会中，人们忽略了心灵的需求，精神上极度匮乏。很多人都不肯停下匆忙的步履，看看人生旅途上的风景。戏剧，已经渐渐成为一个符号，一种象征，一个远离我们生活的久远的传说。从这个意义上来说，走近曹禺，也就走进了神圣的戏剧殿堂。

八、人生的领路人

曹禺先生是不幸的，童年生活给了他太多的孤独寂寞和苦闷，使他感受不到生活的美好。不过倘若没有他所熟悉的童年家庭生活环境，可能也就没有后来《雷雨》中的家庭环境。看来，童年阴郁的生活作为一笔难得的文学素材永久地存封在他的记忆中了。好在阴郁的童年生活没有太多地影响他，他依然是一个敏感、热忱、坚强而乐观的人。他勤奋上进，对人生充满幻想。他从小就想当演员，想演戏。但他所处的时代，演员是一种一般人看不上的职业。于是他想学医，考协和医院，可是医学院最终也与他擦肩而过。他和协和医院没有缘分。也许有心栽花花不开，无心插柳柳成荫，1928 年 9 月，他竟然被保送进入南开大学政治系读书，虽然他不喜欢这个专业。当时南开校园还在建设中，保留了田园郊野的气息。美丽的校园为他提供了一个读书的绝佳场所，也多少安慰了他那颗失落的心。南开大学生活给他带来新的希望，为他青春燃烧的岁月留下灿烂的一笔。如果没有这些阴差阳错的巧合，曹禺先生的人生可能该是另外的样子。

在南开的日子里，他常常挑战身体极限，跑马拉松。我想，这也是他后来能静下心来花五年时间写《雷雨》的毅力所在吧？南开大学给了他坚强的毅力，给了他审美能力，更给了他诗人的气质和演戏的才华。

在南开大学，他认识了杨善荃。杨善荃比他高两个年级，处处事事关心着他。曹禺先生曾将《雷雨》的最初构想告诉过杨善荃，得到了杨善荃的大力支持。杨善荃说，一个大作品是不可能一下子就搞起来的，总是得搞很多次，反复地修改琢磨，才能搞出好作品来。杨善荃还把自己收藏的戏剧书借给曹禺，包括后来曹禺先生到天津女子师范学校当教授，也是他推荐的。

我们为曹禺遇到杨善荃这样的老大哥感到欣慰。的确，杨善荃给了曹禺很多的鼓励和帮助，如果没有杨善荃，也许就没有惊世骇俗的《雷雨》问世，也许《雷雨》来得也不会那么顺利。

物以类聚，人以群分。身边的朋友往往会影响一个人的一生。“千里马常有，而伯乐不常有。”如果说曹禺是一匹戏剧舞台上的千里马，那么杨善荃就是伯乐了。在天津女子师范学校任教期间，曹禺为创作《日出》剧本做了充分的准备，他用特有的大师的心境和眼光观察人、思索人、剖析人，到社会底层体察人，他怀着按捺不住的愤懑之情苦苦地思索探求，一边教课，一边创作。

2011年，曹禺剧本朗诵展演在天津市曹禺剧院举行。在90分钟时间内，人们打破时空的局限，把曹禺作品中最精彩的片段进行了巧妙的编排，给观众提供了一次全方位、多视角的欣赏经典的机会。天津市在2014年还举办了首届曹禺国际戏剧节。曹禺任教于天津女子师范，留下了天津文化界最值得珍藏的历史资料。因为他，天津的戏剧得到繁荣。归根结底，我们是不是应该特别感谢杨善荃先生发现了曹禺这匹戏剧界的黑马呢。

“吉人自有天相”，曹禺以他的善良和淳朴赢得了别人的友谊。一生多有朋友相助，是他在戏剧上取得成功的重要因素之一。

当然，一个多世纪以前，在张伯苓、张彭春的倡导下，南开学校“新剧团”成立，开始了最初的话剧演出活动。不可否认，戏剧大师曹禺受到了南开学校戏剧风气的熏陶，而天津的校园戏剧活动的确为中国话剧的发展做出了重要贡献。

所以，我要说，在对的时间，遇到对的人，做对的事，这是个多么大的幸运。这些恰恰被曹禺先生遇到了，因而他是最幸福的人。

曹禺先生既有写作戏剧的天赋，又有演员的天赋，两者相得益彰。他自己既是作者，又是演员，既能在作品中替他人创设悲欢离合的故事，又能在舞台上演绎生活中的悲欢离合。他的创作比单纯的戏剧创作更富有情趣，因为他更有实践的基础。

曹禺当时在南开中学时，常常演戏，有趣的是，他常常扮演女性角色。他当时扮演的第一个女性角色是易卜生《国民公敌》里的女主人公。那时褚玉璞当直隶督办，正当剧团准备上演这部剧时，一天晚上张伯苓得到通知说："此戏禁演。"原来这位直隶督办自认是"国民公敌"，认为剧团在攻击他，所以下令禁演。等褚玉璞倒台后，此戏才得以演出，并很受人们的欢迎。后来剧团又公演了易卜生的名剧《娜拉》，娜拉依然由曹禺扮演。这种演出经历，为曹禺日后的创作打下了坚实的基础。要想演好女性角色，他需要揣摩女性心理，知道怎样去表现女性，所以他所创作出来的戏剧中，几乎所有的女性都那么善良、柔弱，且带着悲情的因素。

在一定程度上，曹禺的戏当时除了受美国戏剧家奥尼尔的影响，还受挪威戏剧家易卜生的影响，也受希腊悲剧的影响。"张彭春去美国时，给我留下一套英文的《易卜生全集》，对我影响很大，大部分我都读了，有的太深，不大懂，没读。那时我太年轻，还在中学，英文也不好。易卜生是'近代戏剧之父'，近代戏（也许除去现代各种流派的外国戏）无不受易卜生的影响。"曹禺在自述中讲道。鲁迅先生曾说，悲剧是将人生有价值的东西毁灭给人看。我们后来读曹禺的著作，发现他的剧本大多以悲剧结束，原因可能也在于此了。他的好友杨善荃回忆说，曹禺先生正式走上戏剧创作的道路，还应归功于他的老师张彭春，是张彭春将曹禺培养起来的。张彭春对戏剧有研究，在南开大学开过戏剧班，这个班上就有曹禺。

没有南开这块戏剧沃土，一代戏剧大师不会被挖掘出来；没有那些可亲可敬的老师给曹禺表演戏剧的机会，也难以激发他对戏剧的热爱。“物以类聚，人以群分”，志同道合的人在一起，总是无比幸福的。虽然看起来，开始时很被动，可是既然选择了，就义无反顾吧！在戏剧舞台上看人生的跌宕起伏，也别有一番滋味。

1929 年，为了迎接南开大学的校庆，张彭春准备把高尔斯华绥的《争强》搬上舞台。那时有郭沫若的译本，但作为演出的剧本，还有待修改。张彭春就把改编的任务交给了曹禺，师生合作。由此，也可看出张彭春对曹禺的赏识和信赖。《争强》的改编，对于曹禺来说，是一次很好的锻炼。后来这部戏由张彭春执导，曹禺扮演剧中人物董事长安敦一，获得了很大成功。

也正是由于《争强》的公开演出，曹禺有幸认识我国著名的戏剧、电影艺术家、导演黄佐临。

1929 年 11 月，曹禺和黄佐临在天津见面。那时，黄佐临刚从英国伯明翰大学毕业回来，他看到曹禺在台上的精彩演出，给《大公报》写了观后感。曹禺看到观后感，就去找黄佐临，并把黄佐临引荐给张彭春先生。

曹禺那时在天津有几个志同道合的朋友，他们常常聚在一起讨论文艺问题。黄佐临在南开大学讲课，他感兴趣的是萧伯纳和狄更斯，而曹禺感兴趣的是奥尼尔，可是，由于他们都喜欢易卜生和高尔斯华绥，于是慢慢就亲密起来了。

后来张彭春去美国。临走时，将一部英文的《易卜生全集》给了曹禺。曹禺将之视为珍宝，他查阅字典，凭借顽强毅力，一点点将《易卜生全集》啃了下来。这次潜心攻读，可以说是对曹禺先生灵魂和情感的一次洗涤，使他深入到了戏剧殿堂的内部。易卜生戏剧的技巧，为曹禺打开了一个新的境界。

虽然那个时候，曹禺先生还没有真正开始他的戏剧创作，可是他从那些伟大的剧作家身上已经汲取了丰足的营养。他在研究，在酝酿，在思索，在消化。优秀的剧本无时无刻不在撼动着他敏感的心，激发着他创作的欲望。他只等着一个合适的机会，好让一声惊雷炸开沉睡的文字。

张彭春回到天津，和钟爱的弟子曹禺又聚在了一起。彼时张彭春又开始酝酿1934年的南开校庆，他们打算再度演出《新村正》，请曹禺合作，一起改编《新村正》。这次改编，说是合作，其实大部分是由曹禺执笔。这样一个“五四”时期演出曾获得极大成功的剧本，而且又和自己最敬爱的老师一起改编，曹禺发挥出前所未有的旺盛的创作才能。当他将改好的剧本交到老师手中时，张彭春充分肯定了他的付出。自然，这又一次给了曹禺成功的动力和机会。曹禺在这次演出时扮演吴仲寅这一角色，因为是自己改编的，所以演起来更得心应手。张彭春在此次演出后，再一次找到曹禺，邀请他合作。这次他们打算将莫里哀的《悭吝人》搬上舞台。张彭春就这样一步步，将易卜生、高尔斯华绥、莫里哀介绍给曹禺，让他在感受国外名剧带来的震撼的同时，也能有实践的机会。张彭春将这些剧本交给曹禺，曹禺将《悭吝人》完全中国化了。依然是张彭春导演，曹禺扮演剧中人物。曹禺的表演得到朋友们的极大肯定，郑振铎曾夸他说："家宝，在舞台上你的眼睛真亮，好像闪着光，真是神了。"朋友的称赞让曹禺感到无比欣慰。

说到现在，我们发现，张彭春真的是曹禺生命中非常重要的一个人物。他是曹禺的恩师，是曹禺的益友。他把传统的美学思想渗透在自己的导演艺术中，时时令曹禺在创作领域中有较大的突破。他是曹禺生命中的导师，大海中的灯塔，给曹禺以希望，牵引着曹禺一步步接近戏剧殿堂，一步步达到事业的顶峰。可以这样说，没有张彭春，就没有曹禺。

九、高山流水遇知音

我一直羡慕“五四”时期文人之间那种亲密豁达的交往。“五四”精神在我的意识中是极其浪漫的，“五四”文人在情感、美学追求等方面都非常感性，也因此他们演绎出很多历史佳话。他们在友谊、婚姻上，率性、真诚，他们用智慧、激情、生命与灵魂在历史的长卷中添上璀璨的一笔。他们用坦诚的心演绎高山流水的弦音，至今为后人所津津乐道。那些大师们毫无功利心，他们对人对事总是一往情深。不借助于功名利禄，只求“可以调素琴，阅金经。无丝竹之乱耳，无案牍之劳形”的悠游自在。

抗战期间，曹禺先生一直居住在江安。江安的生活是清苦的，物价飞速上涨，通货膨胀严重。对于学生来说，他们的生活无疑雪上加霜；对于那些穷教员来说，生活也常常捉襟见肘。很多朋友忍受不了单调愁苦的生活，一一离去。曹禺也一样孤独和寂寞，而且在江安的时候，曹禺先生的婚姻生活正陷入危机。他和郑秀的婚姻岌岌可危，家庭生活带来的痛苦使他更觉孤独。其实那个时候，他已经爱上了方瑞。只是他将这种爱恋藏在心底，这种爱近在咫尺，却又隔着万千山水。

生活给了他忧郁的情感，他将忧郁用来创作。其实能安慰那敏感心灵的，就只有创作了。在苦闷情绪中，他创作出《蜕变》，他将《蜕变》交与巴金。巴金亲自为《蜕变》写了后记。这后记中凝聚着巴金真挚的友谊，真情像一团火，温暖着曹禺那颗即将冰冷的心。《蜕变》是继《雷雨》《日出》《原野》之后的又一部力作，是曹禺六年来心路历程的总结。曹禺读着巴金的后记，泪水湿了眼眶，一股暖暖的热流涌入心田。六年的执着、痛苦和欢乐，六年来的创作之路，六年来的汗水，都凝聚着巴金的友情。是巴金将他的每一部作品送到读者手中，是巴金给予他默默无闻的关注和支持，是巴金让他感受到生活如此美好。可以说巴金的友谊陪伴他度过了人生中最艰难、最难熬的一段路程。

1940 年 11 月，江安的冬天是清冷的。巴金来了，一路上风尘仆仆专程到江安看望曹禺。三年光景，他们都觉得对方苍老了很多。战争使他们分别，又使他们互相惦记。兵荒马乱的年代，他们之间的友谊显得弥足珍贵。他们怀着对祖国的担忧、对人民的焦虑，重逢在江安这个偏远的小县城。

江安将全部清贫展现在远道而来的客人面前。这里没有繁华的生意场所，没有广和楼的京剧，有的只有一群赤诚的学生。他们听到巴金来了，都纷纷赶来看望。我没有去过江安，但也能感受到江安淳朴的风情，世外桃源一样的安然。或许江安在战乱中面目全非，像一个饱经风霜的老者一样，给人以沧桑之感，但江安透出来的平和与深情足以让巴金内心安稳。尤其在江安这个小地方，有他心里牵着系着的小老弟曹禺呢！

历代文人墨客都留下大量关于友谊的动人篇章。杜甫《春日忆李白》云："白也诗无敌，飘然思不群。清新庾开府，俊逸鲍参军。渭北春天树，江东日暮云。何时一樽酒，重与细论文。"意思是说，李白的诗作无人能敌，他那高超的才思也远远地超出一般人。他的诗作清新、俊逸，和南北朝时两位著名诗人庾信、鲍照的作品一样。李白啊，如今，我在渭北独对着这无语的春之绿树，你在江东远望那日暮薄云，天各一方，只能遥相思念。我们什么时候才能同桌共饮，再次探讨一下我们的诗作呢？

杜甫的心声想必曹禺和巴金最能体会了。巴金来到江安，在曹禺写作的小房间内，在幽暗的灯光下，在夜色朦胧中，谈着，不停地谈着。他们谈人生，谈理想，谈事业，谈他们钟爱的文学艺术、戏剧艺术。两个人在烛光摇曳中，亲密无间。他们时而爽朗大笑，时而眉头紧皱。他们为生活而叹息，为祖国的前途而焦灼，也为彼此的相逢而开心。那跳跃着的烛焰多么像两颗跳动有力的心！虽没有醇香佳酿，可清茶一杯、淡水一碗也足以让他们感到友谊的美好，使他们在苦难深重的年代里携手共进。这大概就是人生中的最高境界了吧！

当时巴金将吴天改编的《家》的剧本带来了，曹禺觉得还有打磨的余地。于是他要亲自改编，让好友的作品更加完美。这一方面是对巴金几年来的关心予以回报，另一方面也是对巴金小说的一种肯定和宣传吧！

巴金的到来，给曹禺带来温暖，也给他带来新的任务和动力。巴金的小说《家》的内容是丰富而凄美的，但引起曹禺最大兴趣的还是那些年轻人爱情方面的挫折和不幸。这与他自身经历有关。曹禺在江安时，他和郑秀的婚姻基本上已经破裂，再也没有复合的余地。那时候，方瑞已经走进他心中，可是从一宗失败的婚姻中拔出来真是太难了！他和郑秀有一双可爱的儿女，他们也曾热恋过，拥有浪漫的恋爱。可如今，一切都变了样，他在婚姻面前沉默了，在异常沉默的婚姻中，他的心灵饱受巨大的创伤。如今，方瑞走来，他要将这份美妙的感情融进巴金的小说中，要将《家》改编成他自己的故事！所以，曹禺认真而满怀深情着手《家》的改编工作，并且调动自己生活中的经验，为《家》的完美竭尽所能。

《家》的演出可谓盛况空前。这是曹禺对巴金这么多年来的关心和帮助所给予的最真诚的回报，也是他和巴金之间深厚友谊的升华。如果说巴金为他撑起一片无雨的天，那方瑞就为他打开一扇晴朗的窗。

因为文字而结缘的友谊最为纯真，巴金和曹禺两人彼此欣赏，彼此怜惜。巴金曾写过一篇文章，叫作《怀念曹禺》。当时巴金已经到了九十岁高龄，身体衰老，头发全白，而且他的慢性支气管炎更加严重。他的生活状态不容乐观，可他还是颤颤巍巍地写出一篇篇短文。我有时候难以想象一个人的潜力到底有多大，也常常为一些坚定不移的品质而感动。巴金老人用抖抖索索的笔写出祭奠曹禺的文字：“家宝逝世后，我给李玉茹、万方发了个电报：‘请不要悲痛，家宝并没有去，他永远活在观众和读者的心中！’话很平常，不能表达我的痛苦，我想多说一点，可颤抖的手捏不住小小的笔，许许多多的话和着眼泪咽进了肚里。”当他写出这样的文字时，逝去的时光如电光火石一样倏忽从眼前掠过，那一幕幕像电影镜头一样，重新浮现在脑海中。他一定是想到了六十几年前的往事，靳以将曹禺的《雷雨》交给巴金，那时的他一口气读完原稿是多么震撼！他一定也想到了他和曹禺一起在上海看《原野》演出的情形；想到 1940 年，他从上海到昆明再到江安，欢聚在一起时的情形。那时他们多么亲近啊！隔着一张写字桌面对面坐着，谈许多事情，交出彼此的真心。一定又想起 1942 年，曹禺在重庆附近的一条江轮上写《家》，写所有的爱和痛苦；想到直到 1978 年，曹禺才把心里想说的一些话以书信的方式寄给他。可是时光是那么刻薄，不给任何人留下任何机会。时代的荒谬又是多么刻薄，从 1966 年夏天分手后，他们再次重聚已经过了十二年！十二年意味着什么？意味着巴金老人失去萧珊，而曹禺先生失去方瑞！

真的很悲哀。人生经不起细想和推敲。

在时光的切割下，被损坏的肌体再也回不到从前。手中紧握的笔还能不能拿得稳？眼睛还能不能看到世界的美好？耳朵还能不能听到优美的辞章？这些都是未知的了。纵使这样，他们还是能彼此理解，彼此了解对方的心。

可是人终究会老去的啊！曹禺先生还是走了，平静地走了。不知永远沉浸在睡眠中的曹禺，能否听到巴金老人的一番肺腑之言？能否感受到尘世对他的眷恋？那些完成的或未完成的伟大剧作，只能陪伴他到另一个国度安详度日了。

十、仍怜故乡水

李白诗云："渡远荆门外，来从楚国游。山随平野尽，江入大荒流。月下飞天镜，云生结海楼。仍怜故乡水，万里送行舟。"这是李白二十五岁第一次出蜀漫游的时候所作的，是一首赠别家乡的诗作。他对蜀中的山山水水怀有诚挚的情感，在作这首诗时，李白第一次离开故乡，去实现自己的理想抱负。雄健的风格，奇伟的形象，瑰丽的想象，让整首诗充满浓郁的浪漫主义风格。细读，其中仿佛依稀能看到青年人出门做一番大事业的壮志豪情。不管山高水长，前途怎样，都不能阻挡那颗奔赴前程的雄心。我想，这首诗所蕴含的情感足以概括出曹禺和老舍当初远渡重洋时的心情了。

1946 年 3 月 4 日，江南的早春还春寒料峭，可也是花香鸟语、一片春意盎然了。此时的曹禺脱去长袍，着一身西装，正和老舍一起同送行的人们告别。汽笛长鸣，“史格脱将军号”要起航了。这是一艘美国海军运输舰，它将载着这两位使者远渡重洋，开始漫长的航程。

未来等待他们的将会是什么？谁也无法预料。异国生活也许会为他们开启一段新的人生旅程，让他们眼界更加开阔；也许会深深触动心灵，让他们在文学领域中越走越远，直到走出国门，带着极具中国元素的戏剧艺术走向世界。

黄浦江汹涌着流向大海，在船舷上，他们贪婪地望着两岸的景色，想把种种破旧和腐败甚至辛酸都牢牢记在心头。不管它曾经怎样沧桑、腐烂，散发着怎样难闻的气味，毕竟它是祖国的一部分。现在，他们要远离它，怎不让人留恋！离开祖国的刹那，他们才能体会血浓于水的深情。如果不是这次远离，他们可能从来没有注意到自己对祖国的眷恋。这个世上有一种爱，它有别于爱情、亲情，但它在心底常常像野草一样长满心田，这就是对祖国的感情。这种感情是深厚的，高远的，苍茫而辽阔的。没有哪一种感情能和它相比，没有哪一种感情能有它大气。

当曹禺先生和老舍踏上船的时候，一种离情别绪就紧紧攫住了他们。“故乡”，这个可爱的词将伴随他们到异国流浪，他们将带着故乡的明月在异国他乡为亲人深深祈祷。

半个月的旅程，他们两人到达美国西海岸，他们从西雅图港踏上美国国土，开始了讲学观光的旅程。

他们把中国戏剧介绍给美国，把中美友谊和戏剧的种子撒在美国人民心中。

不过，在纽约也会发生一些争论，但这争论并不是发生在中国人和美国人身上，而是发生在中国人之间。

当时美国作家赛珍珠举办茶话会来招待曹禺和老舍，同时也请了几位有名的美国作家。茶会上，曹禺讲到文学应当具有社会意义时，“社会意义”这个词在英文中也可以当作“社会主义”“共产主义”的意思。于是林语堂便站起来诘难了，大谈他的趣味主义。他把趣味文学宣扬一番后，便对曹禺的发言发起猛烈攻击。曹禺坚持文以载道，林语堂讲究文学的趣味性。两个人的性情不同，人生观和文学观点不同，引发争论也在所难免。但曹禺的反驳让林语堂恼火，两个人几乎要争吵起来。最后还是赛珍珠出面和稀泥，争论才收场。这是曹禺美国之行中最不愉快的一次聚会。

曹禺先生在我的印象中是严肃的，而林语堂先生在我的印象中却是幽默的。曹禺是苦闷的，林语堂是洒脱的。曹禺把一切都看得很认真，很重要，林语堂将一切都轻描淡写地一笔带过，什么都不能让他改变闲适而洒脱的人生态度。所以说，曹禺和林语堂的争论是难免的。

不过，避免无谓的争论，需要有良好的自控能力。面对别人的挑战——尤其是态度比较蛮横的挑战，人有一种天然的自卫心理。这时我们需要冷静，需要自制，千万不能让冲动之火烧毁理智的缰绳。

中国人有句古话："天下事，何时了；有些事，不了了；一定了，不得了。"这就是说，很多事情是不了了之的。古人云："水至清则无鱼，人至察则无徒。"人与人之间发生的不快，人与人之间出现意见上的分歧，倘若非要弄个水落石出，可能根本不可能。林语堂先生和曹禺先生之间的争论，其实本是意见上的分歧，结果林老的争强好胜不仅没有消除隔阂，反而让彼此的误解加深。看来赛珍珠深谙中国的社交之道，出来圆场"和稀泥"，确为上策。

在纽约，曹禺是很佩服老舍的。纽约的日子紧张而忙碌，可老舍总能抓紧时间，一有空隙就赶写《四世同堂》的第三部《饥荒》。老舍是从普通人家中走出来的作家，小时候艰难的生活让老舍先生性格坚韧而好强，他通过自己的努力换取了一片蓝天。骨子里的高贵让他坚持文学创作，并且能够摒弃一切杂念和干扰，沉浸在自己的文学世界中。

曹禺和老舍形影不离地生活了将近一年，本来准备一起回国，但老舍坚持写完《四世同堂》，后来曹禺先生一个人先回到了离别已久的祖国。真的是天下没有不散的宴席啊！

离别不忍触之。无论是我们同窗好友的离别，还是曹禺先生和老舍先生的离别，都让人无限伤感。想起有人曾说：“你走时我不送你，你来时，不管风雨有多大，我都会去接你。”哦！生命中有太多的恋恋不舍！

十一、不失赤子之心

我百度“可爱”两字，得到的解释为：1. 天真无邪；2. 令人喜爱；3. 形容心灵单纯；4. 富有爱心。适用场合为：多用来形容儿童或动物或阳光型的大男孩，很少用来形容成年人或老年人。可爱也可指心灵美的，或拥有童心的老顽童。

我敢挑战权威。

对照着百度词条来看，曹禺应该不适合用“可爱”一词了。可是为什么就不能用了？他心灵单纯，富有爱心，他的举动中时时透出他的自然本真。曹禺先生是令人喜爱的，讨人喜欢的。清代沈复《浮生六记·闺房记乐》：“李诗宛如姑射仙子，有一种落花流水之趣，却令人可爱。”曹禺先生虽没有落花流水之趣，也有顽童之态。倘若要我现在用一个形容词来形容曹禺，除了可爱，还有什么更恰当呢！

1930年，正在南开读书的曹禺突然决定离开南开，报考清华大学的西洋外语系。当时他在南开已经小有名气，南开的演剧活动也离不开他。南开提的条件是，考不上清华，也不准再回南开。但他去意已决，打算破釜沉舟，背水一战。后来他终于如愿以偿，到优美的“世外桃源”清华园学习了。

曹禺一走进清华，同学们就奔走相告：“从南开来了一个能演剧的万家宝。”1930 年冬天，曹禺又演了一回易卜生的《娜拉》，由他扮演娜拉。据李健吾回忆：“这场戏曹禺扮演娜拉，可能是中国话剧史上最后一次男扮女角了。”从此，同学们都亲昵地称他为“小宝贝儿”。

一心追求理想，不管前途如何迷茫，他的心中始终有一盏灯亮着。而这盏灯就是对舞台艺术的追求，对戏剧的痴迷。在常人看来，南开已经很好了，而且，他也通过努力在南开打拼出了一片属于自己的天地。但艺术的追求没有尽头，他的选择是正确的。清华为他提供更为广阔的天地，引领他走入更加丰富多彩的艺术领域中。他在这里忘记了一切，如饥似渴地汲取营养。宁静时，他用他深沉的思想探索人生的真谛；不宁静时，思绪万千，他让情感的浪涛激荡心田。后来战事紧张，清华园沸腾了起来，曹禺也加入同学们中，和他们一起同仇敌忾。这些经历和见闻都对曹禺的戏剧创作产生了极大的影响。那个“小宝贝儿”在清华园中得到历练，他的人生从此与众不同。而且，那个“小宝贝儿”很多时候都能演绎出令人捧腹或啼笑皆非的故事来。

1997年第1期《戏剧电影报》中曾经刊载过曹禺的趣事，我将其拿来，一同欣赏。

有一次曹禺散步构思，街头漫游。无意间登上一辆公共汽车，车子开了许久，曹禺先生才想到要买票的事，可是一摸衣兜，一分钱没带！后来售货员看出他的尴尬，让他别下车了，待会儿原道回家，就在家门口下车吧！

还有一次，曹禺先生夜读至更深，家里人走进书房催促他早点休息，同时送来一盆热水让他洗澡。他口中连连应诺，却目不转睛地专注于字里行间。他只将一只手伸进摆放在方凳上的水盆里，撩得水哗啦哗啦……敢情他只是在“应付差事”，不断撩出水声，在那儿做样子哪！

大师闹出的笑料其实都源于他对文字的痴爱。关于这一点，不仅曹禺先生有，民国大师几乎人人都有令人忍俊不禁的一面。

北大新生入学。有名新生拎着很大的包裹来报名，看见路边一个老头，就把他叫过来，说：“老头，给我看下包，我去报名。”老头等了一个小时，一直不动地看着包。后来新生在开学典礼上看到，讲堂上给大家做演讲的正是那个老头，也就是季羡林。

徐志摩麻将打得很漂亮，他能随机应变，牌去如飞，不假思索，有如谈笑用兵，十战九胜。徐志摩对鸦片与麻将还有一番妙论：“男女之间的情和爱是有区别的，丈夫绝对不能干涉妻子交朋友，何况鸦片烟榻，看似接近，只能谈情，不能爱，所以男女之间最规矩最清白的是烟榻，最暧昧最嘈杂的是打牌。”

有人专门搜集民国大师们的逸闻趣事，令人捧腹。从不同的“闹剧”中，我们能看到大师们各具情态的生活。他们赤子之心不改，活得本真、自我。在尔虞我诈、追名逐利的社会中，人们只有始终保持心底的纯真，才不至于丢失了自己的灵魂而郁郁寡欢。

我还曾听说曹禺先生在创作《日出》时，为了搜集素材，曾三下“鸡毛店”。原来，他约好两个嗜毒的乞丐来教他唱数来宝，也许因为他穿着大褂的缘故，竟被两个乞丐怀疑成警察局的暗探了，于是就没敢来。曹禺不得不半夜里冒着严寒去那个最下等的小客店——“鸡毛店”，去找那两个人。然而他却使一个八分醉意的“落魄英雄”误会了，人家动起手来，险些打瞎了曹禺的一只眼。曹禺吸取了教训，他改头换面又去和这类人物讲交情。他的口袋里藏着铅笔和白纸，他潜入社会下层，终于了解了各具特色的人物，写出了《日出》这样脍炙人口的作品来。

曹禺对文字的痴让他返璞归真。他不需要考虑复杂的人际关系，一切都围绕着戏剧而来，一切都围绕着戏剧而去。他的痴甚至达到疯癫之态，他像一个涉世未深的少年，以天真纯洁之心看待众人。众人笑他痴也好，狂也罢，曹禺都不改其色，保持特立独行的人格。

晚年的曹禺是个爱热闹的人。他非常看重家庭。孩子们都长大了，他也上年纪了，如果他遇到了什么满意的事，会突然扭动胖身子，两只胳膊举起来伸直，小而柔软的手灵活地上下翻动，跳起舞来。他的眼睛闪闪发亮，看起来很像是新疆舞，有时是日本舞，后来也有过是迪斯科的时候。那实在不能算是什么舞，可是很有感染力。这是一个老人袒露内心喜悦的最美妙的方式了。

他的这种举动可以和《射雕英雄传》中的周伯通相媲美了。

大家都非常熟悉金庸小说《射雕英雄传》中的老顽童周伯通。他童心很盛，始终以一颗赤子之心待人。他毫无心机，虽然年纪一大把，但说话办事都像不谙世事的孩子。他胸无城府，幼稚顽皮，不去太多关注别人的感受。可是他热爱生活，热爱世间一切稀奇古怪的东西。我突然发现，从曹禺先生身上，竟然能看到周伯通的影子来。

舞台俨然是一个童话世界。演员穿行期间，爱恨情仇，人生百态，不知令多少人动容。曹禺凭着大师级的文字功力，以一颗赤子之心，将人间天地自然万物都当作他苦闷情感的载体。舞台上的嬉笑怒骂、唱念做打在观众心底留下深深烙印，留下种种豁然自在的痕迹。人生在世，当有所为，有所不为，虽然在曹禺先生眼中，人生如一部大戏，可我们也得扮演好自己的角色。

说起“难得糊涂”，还有一段神奇的来历。这个词最初来自郑板桥老先生。典故内容可忽略了去，只是“难得糊涂”现在成了我们处身立世的人生哲学。郑板桥老先生告诉我们说：“聪明难，糊涂难，由聪明而转入糊涂更难。放一着，退一步，当下心安，非图后来福报也。”所谓的“糊涂”其实是顿悟，是豁达，是原本不明白的事一下子想通了，是对生活具有透彻的感悟和适当的敏感。这个敏感度是很难把握的，不能过分敏感，又不能显得愚钝。因此我们很少有人真正能做到“难得糊涂”。“糊涂”的实质是宽容，退一步海阔天空；是心里洞明而表面糊涂；是不计较，糊涂一点，留有余地；是海纳百川，有容乃大的精神品质。只有平静而善意地解读身边的百态人生，人们才能为自己铺就一条不可代替的人生之路。

十二、真诚的曹禺

我说的这个真诚，可能更彻底些。

万方在《回忆我的爸爸曹禺》一文中写道：

> 一次我得了感冒一类的病，躺在床上。他走到我床边，看着我，然后说："你不知道，我真担心啊！我就担心你死在我前头。你要是死了，那你可让我太没法儿受了。"

中国人向来避讳"死"这个字，恐惧到不敢正视。好像提到死，马上就会死去一样。中国的父母们，更忌讳孩子说出"死"。白发人送黑发人是人世间最悲痛的一件事。所以他们谈"死"色变，将对死亡的恐惧压下去。但曹禺先生好像不太一样，他看到万方生病，就直接说到"死"这个字眼，不避讳，不躲闪。

英国一位著名基督徒诗人曾写过一首诗，叫作《死亡，别骄傲》。“从憩息与睡眠，（这不过是你给人的形象）/产生不少乐趣；这样，更丰富的还要从你产生，/而瞬间我们当中最好的人都要随你而逝，/他们的身体得安息，灵魂得释放。”可见，他是不避讳死亡的。倘若人生能充实快乐度过，死亡又何足畏惧？对于曹禺先生来说，死亡是自然而然的事。他说：“不高兴就是不高兴，觉得活着多余，你说有什么道理可讲！”然后又自言自语，“觉得活着多余就没道理啦，不然，这里有哲理。咳。”他叹一口气，“就是这么一回事呗！”仿佛洞穿了人生，他把死亡轻描淡写地描摹了出来。说过了，也就说过了，不忌讳，不在意。

所以万方在说到爸爸曹禺时，曾写过这样一段话：

爸爸在晚年时，绝大部分的时间只是坐着或躺着不动，这是可怕的。一次，他在吃午饭，我看他一边吃一边漏，就用纸巾给他擦嘴。他说：“上帝安排得多妙啊！小孩儿让人受累，可是他可爱啊！老人就不同了，上帝把你的丑脸都画好了，让你知道自己该死了，该走了。”我爸爸从不忌讳说死，他是心里极明白的人，总是想着各种事物的结局。

死亡并不可怕。在死亡面前，我们也无须恐惧，或者遮遮掩掩。老人丑陋的面容是上帝刻画好了的，也无须进行修饰、伪装。做一个坦坦荡荡的人，这是曹禺先生一生的追求。

一般来说他不隐瞒自己，包括他自己认为不怎么美的、丑的东西，他会批判自己，用些极重的话。

有时候在外人面前，他会用惯常的、虚伪的方式表现他的那种真诚。但，他的喜怒哀乐最后总是遮盖不了的。比如说，家里常来人，邀他做一些没什么意思的事，题字或者宴会，他觉得很烦恼。为了避免这些烦琐的交往，家人告诉别人说他病了。当在不得不讲的情形下说出的溢美之词，他那出名的过分的谦虚，也都是真诚的。

他的真诚就是他的率性，不掩饰、不虚伪、不做作。敞开心扉，反而少了许多羁绊。他的举手投足都是情感表达的需要。

曹禺先生虽然有自己的缺点，但他为人非常真诚则是他性格特点中最为人所欣赏的一点。他的一生，无论嬉笑怒骂还是悲苦欣悦，都在生动而率真的言行中体现了出来。

他和万方，既是父女，又是朋友。

在万方《我的爸爸曹禺》一文中，最能打动我的地方是这样描述的：

有一次我已经睡下了，听见他大声叫我的名字，连声地叫，我翻身下床，跑进他的屋里。他说："你再不来就晚了，我就跳下去了，我什么也不想了，只想从窗子里跳下去！"他说得迷迷糊糊，他的身体软绵绵的。我是说他根本不可能跳下去，他已经快要进入睡眠状态了。但我相信，他的灵魂刚才是站在窗台上的，感受着外边巨大的黑夜和冰冷的空气。

那个时候的曹禺状态很不好，后来等到第二天清醒的时候，他又怕万方说出去，对她说，跳楼，只是那么一想，你不要说啊！可见，万方是他的女儿又是他的朋友。他把她当作自己生命延续的一部分，她不仅仅是女儿，更是一个他能够进行倾诉的对象。他对女儿说许多，说自己内心的种种苦闷和不安，然后他便感到一丝安慰，平静下来。

女儿长大了，他们平等交流，曹禺也没有长辈的居高临下。这是万方对爸爸曹禺最佩服也最感动的地方。轻松愉快的家庭环境造就活泼开朗的孩子，曹禺一直爱动，在教育孩子上也是这样。万方回忆小时候和爸爸曹禺玩耍的情形，如一幕幕电影，也在我们脑海中过了一遍。他教女儿们骑车，和她们大笑大闹，她们将他的头当作小山，山上长着草，她们越过沙发，从他的肩膀爬到山顶去割草。他放《天鹅湖》的唱片，她们就没完没了地跳舞……这样温馨的家庭场景，让我们又从另一个侧面看到了曹禺先生率真热情的一面。曹禺先生在戏剧艺术上的表现一直是严谨认真的，和朋友相处，他胆小、敏感、拘谨，怕得罪人。但在家庭生活中，他更多表现出来的是顽童的姿态。他在孩子们面前表现出天真烂漫的情感，把一颗赤诚的心、一种最真挚的期望都寄托在孩子身上。在家中，他的心是年轻的，火热的，充满着活力。

不过，他在对待女儿的教育上，偶尔也会做出一些令人诧异的事情来。比如，在万方四五岁时，有一次，他将万方的头摁到水中，让她不要怕水。然后他自己却在哈哈大笑。还有一次，他带着万方去看喜剧《雷雨》，万方被巨大的雷声吓哭了，曹禺就恼火地把万方从剧场拎出来，他觉得万方打扰了周围的观众。可见，曹禺的教育严中有爱，爱中有严。后来，长大了些，曹禺就带着女儿到后台去观看所谓的“电闪雷鸣”都是怎么做出来的。他一直用这样的方式教育孩子，很少谆谆教诲，而是用实际行动让她们感知人生的喜怒哀乐。

在曹禺先生的心底，有些人、有些事是一直令他愧疚的。

1957年夏天，戏剧界的反右运动是从吴祖光身上打开缺口的。因为创作上的分歧，曹禺先生对吴祖光非常恼火。吴祖光认为曹禺“口是心非”，这是他“剧本写不好”的一个原因。曹禺虽然不断地说自己的作品没有写好，可也容不得别人来批评指责他。他在《质问吴祖光》一文中，曾摆出《明朗的天》来反驳吴祖光，说吴祖光是右派分子，暴露出丑恶的思想和行为，实在太龌龊太无耻……

在那个黑白颠倒的年代中，什么是是，什么是非，早已经没有明显的界限。对吴祖光的质疑和非难，一直是曹禺先生内疚的源泉。许多年后，他曾说出忏悔的话，他说对不起吴祖光，还有其他的一些朋友。反右时，他写过批判的文章。那时，别人叫他做什么他便做什么。所以一直有人说，曹禺是听话的。他太听话，迷失了自己。他是那个特殊时代政治斗争的牺牲品。痛心的历史教训让他欠下朋友的情。当他后来自己在“文革”中蹲牛棚的时候，才彻底感受到被批判被打倒的滋味。可是，这一切太晚了。

而吴祖光自己，晚年的他曾这样概括一生中所遭受的政治磨难：“中年烦恼少年狂，南北东西当故乡；血雨腥风浑细事，荆天棘地也寻常；年查岁审都成罪，戏语闲谈尽上纲；寄意儿孙戒玩笑，一生缠夹二流堂。”可生命最终会走向尽头。曹禺先生和吴祖光先后去世，这么多的戏剧恩怨都已化为云烟消散了。只是，在这些陈年旧事中，隐藏着的太多太多的人文道德和历史教育，让我品味又品味，咂摸又咂摸。

十三、江安情结

崔颢在《黄鹤楼》中这样说：日暮乡关何处是，烟波江上使人愁。他在追问故乡何在。用苏轼的话来回答就是：此心安处是吾乡。一颗心安顿的地方就是故乡。想来有点滑稽，有人寻寻觅觅，找寻记忆中的故乡，他们用游子的心来感伤，让漂泊感更为浓郁。

其实，这个世界上有物理上的故乡吗？今天我们所谓的故乡，无外乎是祖辈生活的地方。我想，不论身在何处，此心安处的地方才是故乡，才是生命可以依托的归属。

曹禺先生对江安是有深情厚谊的。江安这个小县城在曹禺的生命中一定占有重要地位，也许在他的意识中算是他又一个故乡了。

抗战期间，沦陷区的各种组织、学校等，纷纷向大后方撤离疏散，曹禺也随剧专迁往长沙、重庆，最后于1939年四月再迁到川南江安。在江安这个宁静、闭塞的小县城，他度过了难忘的三年时间。在这三年中，他又一次迎来创作高峰，《北京人》《蜕变》《正在想》等作品相继问世。这三年中，他和江安人民结下深厚的情谊。他 40 年后回忆这段历史，仍然深情地写道：我们喝过江安的水，吃过江安的粮，永远忘不了江安人民对我们的哺育之恩。

但，我以为曹禺先生更忘记不了的，是江安这个小地方有他浪漫的爱情。我想，40 年后回忆起来，他的内心仍被温暖和甜蜜包裹着。

曹禺旅居江安时候，他和第一任妻子郑秀的感情就岌岌可危了。在他们的共同生活中，由于脾气、性格、爱好皆不相同，他们的矛盾就逐渐突显出来，感情上也有了裂痕。郑秀原本是大家闺秀，用现在的网络语言来说，郑秀应该算是富二代。所以，郑秀的少女生活是精致的。但后来和曹禺结婚，曹禺先生的种种生活习惯她难以适应。而且因为曹禺常常需要创作，家里琐事就落在郑秀身上，作为千金小姐的她，可能是无法忍受这一点的。没有了距离之美，矛盾就无法避免了。这对于双方来说，都是痛苦的事情。在这个时候，一个女孩悄悄走进他的心扉，她就是方瑞。

1940 年夏天，方瑞到江安看望妹妹，她妹妹邓宛生在剧专学习，表弟方琯德也在这里。当时曹禺是剧专教授，表弟方琯德和宛生还有一些学生常常到曹禺家去，方瑞也随他们一起去，这样便结识了曹禺。

郑秀曾经说，曹禺是一个性情中人，所以他的一生不会只有一个女人。郑秀是了解他的。确实！曹禺先生多情而浪漫，他的生命中先后出现过三个女人。这三个女人都不同程度地影响了他的一生。这是后话，暂且不提。

曹禺先生对江安的感情，不仅源于江安人民对他的哺育，不仅来自方瑞的爱情。我想，就连江安的老鼠们，40 年后的曹禺想到，也还会记忆犹新，历历在目了吧。

四川最有名气的小动物大约就是老鼠了，人称“川耗子”。江安的老鼠可真够厉害的，不仅大而且多。多如牛毛，多如春雨。办公室里、家中，凡是居室，无孔不入。剧专老师吴祖光曾写过一篇关于曹禺和耗子的故事。他说曹禺先生最怕的就是老鼠，曾受到过老鼠的刺激。

两年前吴祖光在一个小县城教书的时候，曹禺正着手搜集他的历史剧《三人行》的材料，足足有一个厚本子。可是有一天打开抽屉，却发现他的剧本被老鼠啃得粉碎了。这是曹禺的心血，一个字一个字都凝聚着曹禺先生对文字的爱，就这样毁于老鼠之嘴。可江安的老鼠好像和曹禺先生结了缘似的，总喜欢拿他开涮呢！

还有一次，吴祖光早晨在路上碰到曹禺先生，便一同到学校去。曹禺先生说胃病又犯了，犯得特别凶，肩膀时时发抖，这病的确不寻常。下了课回到休息室，吴祖光看到曹禺先生已经坐在那里，肩上抖得凶。吴祖光用力一按——哎呀！曹禺脸白了，大喊："耗子！"原来他的棉袍里爬着一只大耗子，已经精神不振，近乎瘫痪。天气冷，连耗子也钻进棉袍内取暖了，因为棉袍破了，耗子钻进去却出不来，被曹禺穿在身上了。

这是两个有趣又令人啼笑皆非的故事。曹禺先生对老鼠可谓深恶痛绝。后来《北京人》问世，他把耗子巧妙地写进戏里，每逢演到出现耗子的台词时，便引起极有"喜剧味"的舞台效果。四十多年以后，江安代表到北京拜望曹禺时，曹禺还问，江安的茶楼还多吗？耗子还多吗？

他对江安的感情刻骨铭心，连江安的耗子都与他近距离接触，贴近他的心灵，聆听他的心声。江安还能从曹禺先生的心里走出吗？江安必定是他的又一个故乡。

大师们都喜欢品茶。

曹禺在江安，最感兴趣的地方大约就是茶楼了。

周作人的茶馆大抵是这样的：茶馆周围万竿碧竹，丝丝缕缕被精雕细琢在窗台下。这些竹子是纤巧的，柔弱的。幽静的竹林给人的印象竟然像极了古代大家中足不出户的闺阁小姐，不，其实更像是小姐身旁的梅香，有点小家碧玉的感觉。那份恬静与悠然、萧疏与淡雅让每一个进入茶馆怀抱中的茶客为之陶醉。茶馆远离城市的喧闹，没有车马的嘈杂，鸟儿的啼啾声给茶馆平添一份安逸与闲适。微风拂来，淡淡的清香就迎面扑来，弥漫在空气中，隐隐约约，仿佛高楼上渺茫的歌声似的。茶馆设置很多雅座，室内也处处摆放绿色植物。整个茶馆的色彩呈现单一的淡青色，如水一般恬静安然。每一个茶座可坐三五人，茶座旁配有素雅的窗帘，修长的竹叶倒映在帘布上，斑斑驳驳的影像便随着风儿在日光中摇曳成一排排流动的线条了。而且一定要有悠扬的轻音乐，它是钢琴声或者其他民族乐器发出来的极其细碎的声音。

茶楼静谧，静谧得连茶客都不忍大声喧哗，怕破坏了安静的调子。他们都低低谈论着，让茶楼具有从容平和的气质。

可是江安茶楼没有这么静谧，它们更像老舍笔下的茶馆，包罗万象。曹禺先生来江安茶楼的目的和周作人的品茶话桑麻不同，他要上一壶茶，在那里观察茶楼里进进出出、形形色色的人物，还有在街上过往的人们。

观察生活是他的习惯。他怀中总是揣着一个小本子，随时把观察到的种种生活景象、人物的言谈动作记录下来。每逢江安县城赶集的日子，他就到茶馆里去。

先前我说老舍先生在他的话剧《茶馆》里安排了一个小型的社会，喜怒哀乐都在小小的茶馆中演绎了。曹禺先生也正是在这样的场合中，冷静地观察尘世，用一个局外人的身份观察世态百相。这里的茶馆严格意义上来说，倒不是茶馆，而是凝视尘世的一个窗口，有隔帘观花的意味。

说起江安的茶楼，当地的老百姓还津津乐道一件事。

有一次，曹禺先生看到一个打扮得儒雅的人物，这使他产生了兴趣，就跟在这个人的后边。这个人原来是江安的一个大地主，叫黄久安。黄久安发现有人跟着他，不认识，就害怕了。后来黄久安的亲戚告诉他，那是剧专的教授万家宝先生，正在观察人物呢！

还有一次，曹禺对西街一位做豆腐的老婆婆产生兴趣，看她怎样推磨，怎么做浆，又怎样点卤，怎样把豆腐压出来。

他就那样痴痴地看着，一点儿也不怕被人笑话。这就是曹禺先生的执着和天真吧！他对人物最有兴趣，只要引起他的兴趣，他就会设法了解和接近。江安茶楼给了他灵感和生活的原始素材。那个时候，他已经着手改编巴金的《家》这部小说了。后来巴金先生还风尘仆仆地赶到江安来看望他的这位小兄弟。

曹禺把对江安的感情，对方瑞的感情一起投入到对《家》的改编中。后来，在《家》中，我们还能看到其间有方瑞的影子。江安有他朦朦胧胧的恋爱，有他耗费的大量心血，江安夜色中融入他对人生的思考。

“吾心安处是故乡。”这句话多么动人！你不喜欢的地方，即便你生于斯长于斯，你的内心也不愿触及它。凡安心处皆是故乡。一本书，一杯茶，一壶酒，一隅阳光能温暖的角落，但凡让你心安，你就且把这儿当作你的故乡，把你的心在这儿安放妥当吧。虽然曹禺先生在江安的时间并不算很长，他只是江安的一个过客，但江安的一切已经融于他的血脉之中。

十四、我欲与君相知

曹禺在戏剧领域的卓越贡献，我想很大一部分灵感来自与三个女人的爱情。不过这不足为怪。民国大师们多为性情中人，正如郑秀对曹禺的评价：他多情，生命中必定要走过几个女性。民国大师们既为率真率性之人，身边难免会有几个或志同道合或红袖添香的佳人。

自古以来，爱情最动人心弦。《上邪》曰：我欲与君相知，长命无绝衰。山无陵，江水为竭，冬雷震震，夏雨雪，天地合，乃敢与君绝！

这一首情歌，打动多少恋爱中男女的心！渴望与你相知相惜，长存此心永不改变。除非巍巍群山消失不见，除非滔滔江水干涸枯竭，除非凛凛寒冬雷声滚滚，除非炎炎酷暑白雪纷飞，除非天地相交聚合。当看到这一切全部发生时，我才敢将对你的情谊抛弃！这痴心的表白热烈大胆，将坚贞的爱情与两个人的命运永生永世联结在一起。也许，这种痴情可以用来形容郑秀。

我对郑秀是怀有极大的同情的。

1931 年 4 月 29 日，清华的校庆。早就听说在那天的校庆上将要上演易卜生的《娜拉》，自小酷爱音乐的郑秀不由分说拉了同学去看。那次，她深深地被台上女主角从容、熟练又富有情感的表演吸引住了。演出结束后，她认识了扮演女主角娜拉的曹禺先生。那是他们的初遇。一个清丽可爱，一个才华横溢。这次相遇让他们有了牵手的缘分。实际上，缘分有时候确实是很奇怪的，很多人在你的生命中不过是擦肩而过，但或许会有那么一个人，只因在人群中多看了那么一眼，从此便再也忘不了。就像著名歌手王菲唱的那样："只是因为在人群中多看了你一眼/再也没能忘掉你容颜/梦想着偶然能有一天再相见/从此我开始孤单思念/想你时你在天边/想你时你在眼前/想你时你在脑海/想你时你在心田……"一个契机让两个人相识，从此就成为彼此生命中的永恒存在。

实际上，他们彼此熟识是在两年后。1933 年春天，一年一度的清华校庆戏剧排练又开始了。那一次，热爱话剧的几个同学决定排演英国杰出剧作家高尔斯华绥的剧本《最前的与最后的》。曹禺建议让法律系的郑秀来演女孩汪达这个角色。这样，郑秀和曹禺的恋情就拉开了序幕。近一个月的彩排，朝夕相处，两人渐渐坠入爱河。

其实，郑秀起先对曹禺的感情并不十分强烈。因为生活环境的差异，郑秀有自己的矜持。但曹禺执着而大胆，甚至常常彻夜不眠地站在女生宿舍前等候。青春是美好的，青春时的爱情更像一块无瑕的翡翠，透出晶莹的光泽。在对郑秀的爱情中，曹禺曾一度因为相思而病倒。相思是痛苦的，也是甜蜜的。古人云，一日不见如隔三秋兮。曹禺如果有十多天没见到郑秀，就觉得是煎熬。郑秀最终为曹禺的痴情所打动。她匆匆忙忙赶往曹禺住处，四目相对，无语凝咽。相隔十天未见，曹禺感觉犹如熬过了十年漫长的岁月。两人紧紧地依偎在一起，许久许久不说一句话。不久，曹禺病体康复。短暂的中断，对他们来说，犹如经历了一个漫长的严冬。如今冰雪消融，春意更浓。从此他们几乎天天见面，形影不离。

那年暑假，曹禺闷头创作剧本《雷雨》，郑秀用工整娟秀的字迹誊抄出来。1933 年秋，《雷雨》在清华园诞生了，当时曹禺只有 23 岁，是清华大学研究院的研究生。而郑秀，则是《雷雨》的第一位忠实的读者。可以说，如果没有郑秀，就不会有《雷雨》，是郑秀给了曹禺动力和热烈的感情。

1936 年，三年的恋爱长跑后，他们在南京举行了隆重的婚礼，步入婚姻的殿堂。可惜世事难料，情路难猜。婚后两年，他们便发现彼此在性格、志趣、生活习惯上有着诸多的不合与矛盾。在曹禺的眼里，戏剧和艺术就是他的神圣殿堂，他们的感情慢慢走向死胡同，走向破裂的边缘。

1948 年底，上海龙华机场，郑秀站在机场上焦急地等待曹禺出现，可直到她身后的飞机响起启动的声音，她等的那个人都没有来。头发花白的老父亲在她身后焦灼地大喊：“他不会来了，快随我走吧！”“不！他不去，我们也不去。”纵然身后老父亲的呼唤焦灼而深情，她还是拉着孩子决绝地走上了回程的路。飞机起飞，从此海天永隔，她与父亲，就此永诀。在爱情面前，亲情也显得不堪一击。这需要她付出多大的勇气啊！写到这里，备感无限辛酸。不知在爱情的旋涡里，还有多少痴男信女。问世间情为何物，直教人生死相许！

“过去我爱曹禺，嫁给了他，现在我还是爱他。我同意离婚，因为我希望他幸福。”面对前去劝说她的朋友，她如是说。

她对曹禺的痴心永不改。也许爱情最动人之处就是坚守诺言，但在生活琐碎面前，再美好的爱情也会褪色，失去原有的光泽。此后，曹禺和郑秀的婚姻彻底破裂。尽管如此，郑秀一生都坚守着对曹禺的爱情。后来，在曹禺先生的第二任妻子方瑞去世以后，郑秀非常想和曹禺先生复合，可惜的是，另一位女子走进了曹禺的生活，这就是后来陪伴他终老的李玉茹女士。

在谈及那段不美满的婚姻时，曹禺曾说：“在这件事上，她有错，我也有错。”可郑秀爱了他一辈子，也为他孤独了一辈子。即使在“文革”期间，郑秀看到曹禺每天被审查，每天早晨扫大街，她都默默注视着，站在远处，用一种无助的眼神看曹禺踽踽独行的身影。谁又能理解她内心的波涛？那种无言的关爱，胜过多少卿卿我我的表白！

与曹禺离婚后，她终身都没有再嫁，直到 1989 年 10 月去世前夕，她表示想见曹禺最后一面，不知何故，那个愿望，终究成空。在她生命的最后一刻，她念叨着：“家宝，家宝……”抱憾而去。

她让我想到民国的另一位才子金岳霖。

金岳霖对于林徽因可谓用情至深。有一天，金岳霖突然将老朋友们都请来聚餐，开始也没讲任何理由。后来饭吃到一半时，他站起来说，今天是林徽因的生日。金岳霖因为林徽因终身未娶，但他从不干涉林徽因的家庭生活。他只是把一份爱埋在心里。他有一套非常令人信服的恋爱观。他说恋爱的幸福与否，应从恋爱的全过程来看，而不要仅仅看恋爱的结局。说得真好！其实，恋爱的过程本身就是甜美的，也只有恋爱中的人才能品味到这种甜美，这就足够了。由此，我想到他一生的痴情，对于他终身未娶，突然间有了深切的理解和感悟。但，有几人能如金岳霖一样用理智来驾驭自己的感情呢？他的超凡脱俗的胸襟和品格，让我想起柏拉图的一句话：“理性是灵魂中最高贵的因素。”徐志摩不能，曹禺也不能。在民国大师中，真正在爱情面前能宠辱不惊的，恐怕只有金岳霖了。这又何尝不让人伤感落泪呢！

“谁念西风独自凉，萧萧黄叶闭疏窗，沉思往事立残阳。 被酒莫惊春睡重，赌书消得泼茶香，当时只道是寻常。”纳兰性德这曲《浣溪沙》本是为早逝的爱妻而写，如今用在郑秀身上，更让人觉得伤心落寞。我们似乎看到郑秀茕茕孑立的身影，衣袂飘飘，残阳下，哀思无限。她曾经注视过曹禺先生茕茕孑立，看过他落寞的身影，一个人踽踽独行的身影，在大街上蹒跚扫地的身影，如今，这一切都烟消云散了。这位出身官宦之家、接受过高等教育的女子，曾同曹禺幸福地携手，又和他无奈地别离，这份悲凉又怎堪言说！

原来，爱情死去，倒不如躯体消亡！

曹禺辗转到江安时，认识了方瑞。当时曹禺和郑秀的婚姻正处于岌岌可危的时候。方瑞又名邓译生，父亲是医生。她没读过大学，却写得一手好字，也颇通诗文，性格十分温柔沉静。她来到当时曹禺执教的江安剧专看望妹妹，常跟着妹妹及其同学上曹家去，就这样与曹禺开始了交往。她的内心是丰富而含蓄的。她常常不加掩饰地凝望天空，将心底的忧郁一泻千里。她的哀伤与沉静像秋日里的池水，又似清晨的迷雾，谁也无法参透她的内心有多少孤独和寂寞。她是沉默的，异常的沉默。这种沉默在别人看来就是惊人的耐性。她可以包容一切快乐和不快乐。然而她并不懦弱，她的固执在她无尽的耐性中时常倔强地表露出来。

曹禺被她的性情所吸引，开始了和她长达十年的婚外恋情。

一直到郑秀和曹禺离婚以后，两个人才正式走到了一起。

曹禺和方瑞的感情，在前十年是见不得光的感情。用现在时髦的词语来说，方瑞就是“小三”。“小三”是最让人唾弃的。婚外恋，从字面意思上来理解，它是一种恋爱，但实质上，它一般不容易让人接受，尤其是在受儒家文化影响至深的中国人心中，它是令人避而远之的，是阴暗的，龌龊的。但是，我从方瑞和曹禺身上，看到的恰恰相反，我为他们勇敢的结合而感动。当时他们的行为或许也一样不为人们所接受，能够想象出他们顶着多大的压力生活在一起。

方瑞和曹禺先生结婚以后，一直过着平静而安逸的生活。直到“文革”开始，他们的命运才发生了改变。曹禺和当时许多文人一样，没能逃过被批斗的厄运。他被下放到农场劳改，方瑞一介弱女子，怎么经得起这样的风浪？连惊带吓，她的身体垮掉了，必须靠大量服食安眠药才能入睡。1974 年的一天，她被怀疑因为过量服食安眠药，永远离开了挚爱的曹禺。

他和我妈妈的第二次婚姻中也有很多曲折。我爸爸这个人，他总是在反省自己、批评自己，在离婚的时候也说到这个。我记得曾经有一个电视拍他和第一任夫人的故事，其中有吴祖光说的一段话，说我爸爸那时在清华谈恋爱谈晕了头，连眼镜丢了都不知道。可是电视剧只用了他说的前半句，后半句就删掉了，其实吴祖光后半句说的是，曹禺很奇怪，怎么会和郑秀走到一起，他们俩完全是两类人……我妈妈是“文革”去世的，才50多岁。我觉得我妈妈一生都没有享受过什么，就觉得她不幸福。后来我看了我爸爸写给她的那些情书，当然是之后看到的。我和我妹妹就觉得，妈妈还是很幸福的，她获得了爸爸那样的爱情。

曹禺的女儿万方在接受记者采访时这样说。我也认为，在这三个女人当中（最后一个妻子是李玉茹），曹禺先生最爱的是方瑞。她是他生活和心灵的伴侣。如今，“生死两茫茫，不思量，自难忘。千里孤坟，无处话凄凉”。隔着前尘来世，隔着阴阳生死，那么多的凄凉将与谁诉说！和爱情一起走过的岁月，那么美好。如今都只能尘封在记忆深处，一点一点回味品尝。在年年伤逝的日子里，曹禺先生该是怎样的肝肠寸断啊！

历经十年动荡，祖国大地终于迎来新的春天。这时候的曹禺已经是66岁的老人了，但他依然孜孜不倦地工作着。他又创作了剧本《王昭君》。京剧表演艺术家李玉茹看到曹禺先生的剧本，很高兴，认为可以改编成京剧，便跟曹禺联系。我们又一次感叹缘分的奇妙。1979年12月6日，曹禺先生和李玉茹悄悄办理了结婚登记。李玉茹一直陪伴曹禺，直到曹禺生命的最后一刻。只是，那个最初的女人——郑秀，直到老死都没能再看到曹禺一眼。

写到这里，忽然觉得伤感。

徐志摩之于张幼仪，鲁迅之于朱安，曹禺之于郑秀，都有那么多的相似之处。辛延年的《羽林郎》中所说的“男儿爱后妇，女子重前夫”是有一定道理的。我们无权评判他们的婚姻得失、所作所为，只能一声叹息，就此搁笔吧！

十五、苦闷却天真的人

我不知道怎样来表白我自己，我素来有些忧郁而暗涩；纵然在人前我有时也显露着欢娱，在孤独时却如许多精神总不甘于凝固的人，自己不断地来苦恼着自己。这些年我不晓得“宁静”是什么，我不明了我自己，我没有希腊人所宝贵的智慧——“自知”。除了心里永感着乱云似的匆促、切迫，我从不能在我的生活里找出个头绪。

这段文字选自《雷雨》序言。曹禺先生是一个苦闷的人，一个孤独的人，他的内心一直纷乱如云。

曹禺先生一直非常推崇列夫·托尔斯泰。读曹禺女儿万方写的《我的爸爸曹禺》一文，书中提到曹禺有一次向女儿吐露心声，说他想成为托尔斯泰。后来，女儿记录下来递给他看，他竟然大为着急地说，就曹禺，还想当托尔斯泰？可见他是惶惑不安的，不敢将内心的想法公之于世。他想当托尔斯泰，是源于对托翁人格的敬仰。托尔斯泰被称为“最清醒的现实主义”的“天才艺术家”。托尔斯泰认真地思考俄国的命运和未来，用一生来践行他的人道主义信仰。他极力摆脱贵族生活模式，走近贫民，最终他遭到贵族阶级的排斥，但同时也不被贫民所信任。他对上层社会生活的厌倦让他抛弃贵族生活，晚年毅然离家出走，最后客死途中。托尔斯泰的思想是深沉的，从这一点上来说，曹禺先生想成为托尔斯泰无可厚非。曹禺具有成为托翁的潜质，也具有成为托翁的权利。他的悲苦思想是他悲天悯人情怀的表现。在很大程度上，他的思想接近托翁，都关注底层劳动人民，他们的人道主义精神是相通的。

托尔斯泰的一生对曹禺先生产生了极大的影响。曹禺先生在晚年弥留之际还常常捧着《托尔斯泰评传》孜孜不倦地读着。2010 年 8 月 3 日，在曹禺先生百年诞辰上，曾经在曹禺身边学习和工作的人艺老编剧梁秉堃老师回忆起曹禺先生生前的几件小事。其中之一，便是曹禺先生在最后的日子里，前后在北京医院住了 8 年。在此期间，他依然进行文学创作，主要还是戏剧创作。那段时间，他的床头常常放着《托尔斯泰评传》之类的书。他看起来很是认真，很有兴致。有时，他看着看着突然一撒手，大声说：“我就是惭愧啊，你不知道我有多惭愧。”“我要写出一个大东西才死，不然我不干。我越读托尔斯泰越难受。你知道吗?”……

列夫·托尔斯泰出身于贵族之家，名门望族。但他却将一生都投入到改善农民生活的事业中。他常常说：“人生不是一种享乐，而是一桩十分沉重的工作。”“人类被赋予了一种工作，那就是精神的成长。”他还说：“所谓人生，是一刻也不停地变化着的。就是肉体生命的衰弱和灵魂生命的强大、扩大。”这也是他抛弃富裕的生活，找寻精神上的慰藉，晚年离家出走，宁愿过穷困潦倒的生活的原因。

我在查找托尔斯泰资料的同时，惊讶地发现，曹禺先生的身世竟然和俄国的这位伟人有很多相似之处。就曹禺先生的家境来说，他从小也是生活在衣来伸手、饭来张口的大户人家里。住的是洋房，家里还有各种用人。他和托翁所处的时代不同、位置不同，但他们都有优裕的生活条件。可是，家庭生活的优裕并没有给曹禺先生带来欢乐。他和托翁一样，想走出家门，去广阔的世界中闯荡。曹禺的父亲是一个落魄文人，他常常莫名苦闷烦恼，而且将这种苦闷和烦恼施加在曹禺身上，这令小时候的曹禺非常郁闷。面对令人窒息的家庭环境，曹禺苦闷是必然的。家庭像坟墓一样没有生气，像一块铅重重压在心头，这注定了曹禺在幼小时候便种下苦闷和忧郁的种子。曹禺家庭中的沉闷而压抑的空气让他渴望飞出去，渴望像鸟儿一样，拥抱蓝天。除了对家庭的不满，曹禺先生的苦闷忧郁更多来自性格。

曹禺幼年时，有一年大灾，一个姓段的中年妇女来到万家公馆，人们都叫她段妈。段妈勤劳朴实，命运悲苦。她什么事都喜欢向添甲（曹禺先生乳名）说。她饥寒交迫的生活、伤痕累累的日子令添甲十分同情。善良却受苦的段妈成为曹禺先生第一个老师，那时的他虽然年幼，不能深切懂得段妈的凄苦命运，但段妈悲凉的心情却感染了他。他忘不了她那双忧郁的眼睛、深陷的面颊和干裂的嘴唇。这也许是影响曹禺性格形成的一个因素吧！后来又受到一些文学范本的影响，使得曹禺的心总是向着穷人，向着善良。我们从他的诗句中便可窥出曹禺先生朴素的济世情怀。比如他父亲万德尊曾让他作诗一首，他这样写道："大雪纷纷下，穷人归无家。"而且，他的父亲也总是强调他是穷人的孩子，不要有贵族习气。在他的潜意识中，有着穷人的印记，他心中的天平也总是偏向穷人一边了。或许他还没有范仲淹"先天下之忧而忧，后天下之乐而乐"的政治抱负，但人生的冷清和孤寂他却早早感受到了。他和托翁一样，"可以任意支配整个世界及其知识财富"，可见他是幸福的；但另一方面他又得不到"属于自己的那一份幸福"，因而他也是痛苦的。

先前我也曾说过，和文艺有缘，也就和苦闷忧郁有缘了。朱光潜先生在他的美学著作中也这样说，现实比冰还冷，比铁还硬。哪管你服气不服气？现实越发不如人期望，人生就越发枯燥无味。于是失望、丧气、悲观厌世都蜂拥而至了。总而言之，烦闷生于不能调和的理想和现实的冲突。曹禺先生生于那样的家庭环境，他希望通过自己的努力做出一番成就。但是他眼中所见的一些鄙陋习气又让他与周围环境格格不入，不断发生冲突，再加上他受到良好的教育，多愁善感，一双敏锐的眼睛总能观察到令人悲悯的一面，所以他的苦恼便不可避免了。

写到这里，我想起歌德的著作《少年维特之烦恼》。维特的烦恼源于他心理上的苦闷和情感上的迷茫。他心目中的伊甸园被破坏，他在感情的驱使下一步步走向可悲的结局，最终用一支手枪结束了自己的生命。

而曹禺先生不，曹禺先生用手中的笔将那么多的忧郁和悲苦化作一个个动人的舞台形象，通过他们的口道出对现实世界的不满。他有发泄的通道，他有明确的目标、执着的信念。他对文字的挚爱让他穿越重重迷雾，到达理想的彼岸。曹禺先生不拒绝苦闷的到来，不钻牛角尖，他用信仰来摆脱烦闷，用文字来陶冶情操，用孩子气来保持一颗乐观的心。

苏轼因为乌台诗案入狱后，境况极其危险。但他平静如水，内心的强大让他岿然不动。苏轼获赦后到常州，花掉积蓄买了一栋房子，正当择佳日搬迁的时候，无意间听到一个老妇人哭得十分伤心。他一问才知，原来自己买的房子是老妇人不肖子孙偷偷卖掉的房子。于是苏轼焚烧了契约，将房子还给老妇。苏轼有悲天悯人的情怀，尽管他命运多舛，但他的慈悲心从未离开。曹禺先生在这一点上和苏轼也有相似之处，悲天悯人的性情也是曹禺性格中不可忽视的一面。

在我看来，一个人如果永远保持一颗童心，他的天真纯朴就不会消失。简简单单地活着，灿烂地笑着，随意从容，给人一种返归自然的清新之感。老子曾说：“众人熙熙，如享太牢，如春登台。我独怕兮其未兆，如婴儿之未孩。”众人都明明白白，只有我糊里糊涂，众人都清清楚楚，只有我浑浑噩噩。我和众人不同，保持一颗未泯的童心。这话用来形容曹禺先生也不过分。

人到中年的曹禺在平时生活中，天真得如婴儿一般。他在生活琐事上，表现了出人意料的幼稚，常常会有一些让人意想不到的举动。我们看他的著作，一定以为他是一个严肃而呆板的人。他塑造了那么多严肃深沉的舞台形象，谁能想到生活中的他会不拘小节呢？

冬天的时候，他像一个“套中人”，将自己里三层外三层包裹起来，三条裤子套在腿上，皮带绑起来都不太容易。如果没有方瑞或者万方母女二人的帮忙，曹禺先生就会闹笑话。他是一个十分好客的人，不管谁来家里做客，他必定要送出门，连中戏的学生都要送。但在一次送客中，曹禺闹了个大笑话，走着走着只听见“哗啦啦”一声，皮带松了，曹禺的裤子掉了。

这么一个如婴孩般单纯天真的人，晓得人生在世，怎样才能怡情养性，无挂无碍。他的天真烂漫倘若不过分，实在对于精神是大有裨益的。他塑造舞台形象可以严肃认真，一丝不苟，但生活不是戏剧，不需要板着面孔，给人以敬畏。更何况，从小在父亲严厉的管教打骂下成长起来的他，对死气沉沉的家庭环境本来就有一种排斥。他虽苦闷，但他和父亲万德尊不一样，他没有将苦闷的情绪传递给子女，而是让他们在轻松愉快平等的交流中走近他，探索他内心的丰富世界。他和子女之间是一种朋友的关系，彼此能够敞开心扉聆听对方心声，这也是曹禺先生能撇开内心的苦闷，以一种灿烂健康心态走完人生的重要因素吧！

十六、归去来兮

我认为曹禺先生的作品之所以经久不衰，跟他的作品透露出的哲学、宗教的气息有关。他的作品中有超脱的境界，开阔的视野。任何一个伟大的作家，他的视野都是开阔、宏大的。王国维就说："《红楼梦》，哲学的也，宇宙的也，文学的也。"（《〈红楼梦〉评论》）这就是《红楼梦》至今仍居于无法超越的地位的原因之一。曹禺先生用俯视的角度来审视人类、生命，他感到了人类的渺小与可怜。他同样俯视《雷雨》中的芸芸众生，看他们像蚂蚁一样在尘世爬行，找不到出路。这是曹禺先生天才的表现。

年轻时候的曹禺喜欢交响乐，喜欢肖邦，喜欢莫扎特，喜欢贝多芬。我觉得说他喜欢音乐，毋宁说他喜欢自由，喜欢在舒缓激荡的音乐中宣泄自己的感情。在他看来，新中国成立后的生活是充满快乐的，他受到政府的重视，处于一个很高很高的位置上。他对于自己的地位是满意的，而这些似乎给了他真正的快乐。但是，仔细品味，这似乎又是历史的错位，他选择仕途生活是一个错误的决定。官场生活也是规矩很多，令人压抑的。新太阳不能照亮生活中所有阴暗的地方，也不能给他永远的灿烂和笑脸。他渴望灵魂深处的自由，"文革"中的遭遇摧残了他的精神，更冰冻了他的心灵，使他的创作激情和火焰再也没能够燃烧起来。

一个深爱文字的人，却不能用文字表情达意，这种痛苦，好似在饥饿时看到的美味佳肴却不属于自己一样，烦躁、苦闷接踵而来。想写的渴望同不能写出的矛盾，成为他"文革"时期痛苦的根源。我们仿佛听到他无可奈何的悲叹！而后来，曹禺先生整天被政治上的琐事干扰，就更不能写出令人满意的作品来了。这令我们痛心，更让他自己痛苦不已。

1961 年，周恩来对曹禺提出，希望他能写一个具有新意的王昭君，歌颂民族团结。历来昭君在戏曲中都是悲悲切切的形象，而曹禺要反历史题材而行之，塑造一个"笑吟吟的王昭君"。当年夏天，曹禺就到内蒙古去体验生活，为《王昭君》的创作搜集资料。后来因为"文革"爆发，直到 1978 年《王昭君》才创作完成。当时就有人批评，"这不是曹禺的作品，肯定是伪作"。更有人认为，曹禺在创作《王昭君》这部作品时没有融入自己的真实情感，是为了完成政治任务而创作了这部作品，从艺术创作的角度而言，《王昭君》

是失败的。

1978年曹禺平反后，官复原职，终于从灾难中解脱出来，但他陷入另一张罗网中，从此失去了他最宝贵的东西——创作的激情和才华！万方回忆，那时曹禺的头衔越来越多，电话天天响，要他开会、题字、看戏、评奖之类。曹禺也什么都应承，有时候一天安排四个活动，包括接机、追悼会、见外国代表团等。每次参加活动回到家，曹禺都倒在沙发上，被抽空了似的。他对万方说："一天到晚瞎敷衍，说点这个说点那个，就是浑蛋呗！没法子。"他有说不出的沮丧。他不喜欢应酬，不喜欢过于嘈杂的生活，但他还是照样做着，从没有拒绝。剧作家吴祖光说："他就是不能冲破这个'罗网'，什么罗网呢，我以为就是官方对他的重视，半个世纪以来，曹禺头上的'桂冠'实在太多了，什么院长、主席、领导等。"曹禺太听话了，太听领导的话，有时甚至是主动揣摩领导说话的意图，这对于需要保持自由人格的作家来说，是一个悲剧。

一个人只有回归自然，才能在自然中发现自己、发现生活。如果像笼中鸟一样，享受锦衣玉食，最终会丧失对自然的敏感，感官也会变得迟钝起来。这是文人的悲哀。但曹禺先生恰恰就遭逢了这样的悲哀。他最终为物所役，为名所累。他是一个听话的人。他放弃对精神自由的追求，在仕途上小心谨慎地走着。他学着适应新社会，适应新社会的新任务。不管这些任务在他看来多么无聊烦琐，他都硬着头皮去做。我想，晚年的曹禺是越来越怕孤独了。他总是用社会活动麻醉自己，他想写，写不出，痛苦，就用社会工作来充塞时间。这多么令人悲哀！他没有被贬官，他的晚年忙忙碌碌于仕途。作为一介文人的曹禺先生，每天在开会题字这样的烦琐中周旋，文人独立高洁的品格哪里还能找到呢？除了歌功颂德，好像就再也找不到更深刻的了。

1979年巴金给曹禺的信中说："你得少开会，少写表态文章，多给人留一点儿东西，把你心灵中的宝贝全交出来。"社会的压力，迫使他放弃心灵的宝贝，那些宝贝在一点点磨损，以至于到了最后完全没了光泽和锋利的棱角。黄永玉曾说，曹禺是被"势位所误"。但是，不在其位，不谋其政，既然做了某某院长，做了某某主席、某某领导，必然要在某某院长、主席、领导的位置上做好分内之事。否则，要你做官干吗呢？

想当初抗战期间，曹禺和清华学子们一起加入慰问团，为祖国的前途和命运担忧，为深重灾难中的中国人民而忧伤。"文革"后，他尽己之力做一些力所能及之事，看起来，人生的价值也得以体现，可他忽略了内心，将美好的东西丢弃了。官自然有人来做，但不是曹禺。不是所有人都能写出那样伟大的剧作，而曹禺能。曹禺不明白，我们更是难以明白。也许他也隐隐感到不安，想摆脱这样的生活方式，可是越想摆脱，就陷得越深。就像行走在沼泽中，四周都是软束缚，软软的，让你没有力气挣脱。美丽的陷阱引诱着你走进去，就再也上不来。曹禺晚年曾想写一部戏剧《孙悟空》，就是打算写孙悟空跳不出如来佛的手心。而在一定程度上，这也是曹禺自己的写照。有一次，吴祖光到医院看望曹禺，曹禺说起写作上的失落时，吴祖光脱口说：“你太听话了！”没想到曹禺几乎叫喊着回答：“你说得太对了！你说到我心里去了！我总是听领导的，领导一说什么，我马上去干……可是，写作怎么能总听领导的?”吴祖光心想：他终于明白过来了，但是锦绣年华已经过去了。就连周恩来总理也这么说曹禺：“你最大的弱点就是太会做人了。”“文革”以后，曹禺的精神已经残废了。不知是不是“文革”中惨无人道的摧残，让一朵高贵的花儿过早地凋谢了。他的艺术生命保持了短短十年就再也没有了重新奋起的动力。他飞翔的双翼在“文革”中被折断了！曹禺是听话的，听话得像个孩子。别人要他做什么，他就做什么，并不管内心是否快乐。

“我认为我父亲新中国成立后的几部作品跟他之前的作品，确实完全不在一个水准上。可能很多人都认同这个看法。”万方说，写《王昭君》的时候已经粉碎了“四人帮”，那时的曹禺仍然是一个完全被异化，被扭曲的人。“一直到死，他都没有真正恢复到他写《雷雨》时候的那个自由自在的灵魂。”而实际上，曹禺是最渴望心灵自由的人。他在晚年还写了一首诗《自由人》：

我看见了太阳，

圆圆的火球从地平线上升起！

我是人，

不死的人，

阳光下有世界，

自由的风吹暖我和一切，

我站起来了，

因为我是阳光照着的自由人！

一个崇尚心灵自由的人，偏偏让各种羁绊束缚了心灵，让内心美好的东西一点点消失殆尽。这是宿命，是生命的必然吗？

只能说，那是一段疯狂而荒谬的岁月。

当世界变得诸事荒谬的时候，一个人怎样才能维持自己的尊严？人的做法不同，导致了他们最终的生命方式不同。

1949 年 8 月，沈从文调入历史博物馆。

他完全与自己喜爱的文字隔离起来。他在冷寂的博物馆，一个人默默生活，默默思考，默默战胜自我，将爱好转移。虽然面对的仍是艰苦的条件和动荡的环境，但沈从文总算是找到了重新支撑起生命的东西。他用自己的生命和情感来“还原”各种存留形式的生命和情感，“恢复”它们生动活泼的气息和承启流转的性质，汇入历史文化的长河。

这样平淡到老，他的生命之火，熠熠生辉，如烛如金。

两位大师，不一样的人生。历史如此荒谬而让人难以理解和接受。沈从文始终都没能享受到为官的快乐和欣喜，曹禺始终都没有感受到心灵的自由飞翔。那种“归去来兮！请息交以绝游……木欣欣以向荣，泉涓涓而始流。善万物之得时，感吾生之行休”的乐趣他体会不到；那种脱离世俗，看泉水缓缓流动，清清溪流低吟浅唱的日子，他也没有享受过。

我想，初到南开时校园内的野趣和清爽只能在他的记忆中反复出现了。曹禺先生体会不到“晨兴理荒秽，带月荷锄归”的乐趣。故事就这样结束了，曹禺先生留给我们的是无尽的遗憾，是一个伤感的休止符。繁华过后，绚烂过后，所剩下的可能就是沉寂了吧！生命尽头，留给世人的是无处安放的灵魂。这，让曹禺先生无法释怀，也让后人唏嘘不已。盼着他“归去来兮”，盼着他重新拿起手中的笔，可后来的那支笔那么沉重，不听使唤。衰朽的精神已经无力再提起它！只能让它躺在角落里，落上岁月的尘埃了。

十七、谦卑做人的哲学

前些日子看南怀瑾大师的著作学哲学，大师对于人生的悟道实乃深厚矣。他解释老子的《道德经》鞭辟入里，让人心悦诚服。其中谈到几点，今读曹禺先生，觉得恰好符合曹禺先生的所为。

老子《道德经》曰人生有三宝，其中一点就是“不敢为天下先”，就是谦逊的意思。篡改一句广告词来说，即拥有谦逊而走遍天下都不怕。因为谦逊的人无论走到哪里都会受到别人的尊重。谦逊的人绝不会狂妄自大、目中无人、咄咄逼人，自然也不会让人感到有压力。所以，聪明的人会从内心里谦逊。

古人云：谦受益，满招损。就是说谦逊使人得益，而骄傲，往往招来祸害。谦逊得益的例子历史上不胜枚举，古代帝王将相拥有谦逊这种品格的也很多。

在我对曹禺先生的了解中，给我感觉最为强烈的是曹禺先生的谦卑。他说三十几年来，竟然没有为《收获》杂志写过东西，不是自己不愿意给他们稿件，实在是因为对自己感到不满意。曹禺先生永远以挑剔的眼光看自己，不论自己在戏剧上获得过什么荣誉，他永远都善于从别人的文字中发现他人的才华，而唯独看不到自己身上的光环。这就是曹禺先生，一个谦逊到骨子里的人。

所谓“满罐子不响，半罐子晃荡”。我们现在常常说，成熟的谷穗都是低着头的，它们始终以谦卑的姿态呈现在我们面前。它们没有艳丽的花朵，没有令人垂涎欲滴的果实，却在乡村大地上默默地生存，滋养我们每个人平静的生活。它们不事张扬，却沉静地将根须扎在深深的泥土中，在阳光下露出卑微的面容。

这就是谦卑。谷物和大地是紧密相连的，因此它们才显得博大辽阔。曹禺先生和他的戏剧是紧密相连的，因此他才显得生动精彩。但是他和他的戏剧从来都不是喧哗热闹的。曹禺先生只是在戏剧这块田地里辛勤地耕耘，至于结出来的果实怎样，就交由别人来评说。因此他常常心怀不安，怕别人否定他的劳动。从这一点上来说，曹禺先生是谦卑低调的，他不知道自己的田园风光已经是多么美好。他的低调体现了宽广的胸襟、内敛的气韵，还有他对戏剧舞台的虔诚和依恋。

谦卑的事物往往是单纯和美好的。低调一点儿，再低调一点儿，将一颗心低到大地深处，才能像大地一样，心甘情愿地接受犁铧的穿透，接受一切生灵的依附。低调一点儿，才能真切感受到来自卑微的动植物身上所特有的原生态与淳朴。

曹禺先生懂得这一点。在文学领域里，他重视生命的本质，拒绝浮华，选择低调生活，真实地活着。他始终清楚地认识到，文学是自己一生坚持的事业，是自己不能放弃的信仰与尊严。他始终在学习，汲取力量，希望人至终老依然能驾驭文字，让文字的生命永远年轻。即便到了老年，曹禺先生依然那样谦卑、宽厚、隐忍和真实。他对待别人从来没有一丝一毫的不屑与轻慢。

曹禺先生觉得，只有写出来的东西自己满意了，才能拿出去送给朋友。连自己都不满意的作品，又怎好意思去见人。但他又常常觉得写文章是那么艰难，怎么可能像馅饼掉在头上一样呢！

其实我一直羡慕民国大师的才华，认为他们写文章就是信手拈来的事儿，直到读曹禺先生的散文才发现，原来大师也有大师的困惑。一如我们平凡之人，他们做某件事的时候也常常会不知所措。大师更多表现出的是他们对人生的困惑，包括对文字的困惑。他们更多地表现出平常心，以极平和的心态对待身边一切。

我是个蠢材，要非常多的时间搞成一件事才稍如意，写东西更是如此。

提笔即成功一篇篇东西，天下哪有那样便宜的事情！

尤其是巴金先生希望他写“牛棚生活”的回忆录时，他感到很困难。他怕写出来的东西让人读了不快乐，怕没有趣。他说自己是个古板人，人见了便要皱眉的人，怎能写出回忆录来呢。

曹禺先生对自己的要求很苛刻。他一直强调年轻时候的自己是一个不知天高地厚的无名大学生。后来在八十岁写小说，他又怕自己写得太丑，太不像样，拿不出手。即使他在戏剧这个艺术领域中达到顶峰，他也从未有过一丝一毫的张扬跋扈或趾高气扬。他居于尊位反而常常担心，怕自己的作品别人看了觉得不好。他会不停地问女儿，别人觉得他的戏怎么样，从观众的角度来评价，他的戏怎么样。当万方说很好，观众很喜欢时，他才放下心来。

在给巴金先生的回信中，他更是说：“我懒，又多心，给你写一封信，要真下功夫，不然，我会显得多可笑。我这一生，不好复信，总因为字难看，我得罪多少朋友。”曹禺先生其实完全不是他自己所说的那样。他对生命充满着敬畏之心，他总是用谦谦君子之态来对待人和事。那颗谦卑的心居于最低处，像春雨滋润万物而默默无声，像雪花装点世界而悄然无息。那颗卑微的心就像黑夜里的灯一样，给人以温暖和力量。

曹禺先生的一生可以说都是谨小慎微的。

“文革”期间，北京人艺院长曹禺先生的住宅大门上，贴着这样的一条标语：“打倒反动权威、反革命文人曹禺！”历史的荒谬总要一些人来承担，但个人的力量是渺小的，在那样黑白不分的年代，人性已经被折磨得支离破碎。曹禺先生在“文革”期间精神几近崩溃。有一次他突然对他的学生梁秉堃说：“我就是孙子！也不是孙子，就是一条虫，随他们怎么碾!”即便内心再痛苦，他也不敢在脸上表现出来。是的，他是太胆小了，以至于处处小心翼翼，如履薄冰。甚至别人已经骑到他的头上，曹禺先生还是忍气吞声。我想，大丈夫能屈能伸，为个体尊严而不屈服的生命固然值得尊敬，能够在四面楚歌的环境中隐忍的，也让人从心底敬佩。

“文革”期间，有一次军宣队的人来到学习班里，当着所有人的面羞辱曹禺先生说：“曹禺啊，你光碰脑袋外边儿可不行，要狠狠地碰里边儿，那才叫‘灵魂深处闹革命’嘛!”我不知道曹禺先生听到这样尖刻的话之后内心的情感会怎样激荡，但他一点儿也不敢表露出来，依然脸上带着笑。“恶语伤人六月寒”，后来曹禺先生越来越沉默了，几乎成了失语者。“……我是人，人却不能不有各种变化。譬如我总像在等待什么，其实我什么也不等待。”而正是靠这样低着头，用一颗谦卑的心对待生活中的不幸，他才能在“文革”中保全自己。古人云：“宁为玉碎不为瓦全。”这固然是一种气节，不过在柔韧之间，能屈伸自如，这其中表现出来的精神也让人感慨万千。能够活下来，是毕生的幸福，能够将一辈子的痛苦忍受过来，并且用一支笔书写出来，更是给后人的最佳礼物。活着是需要智慧的，历史从来都颇具深意。我们无权评判历史的对错，只能细细去品味，咂摸。

古之圣贤都是因为感悟生命，懂得人生之真谛，最终才能赢得人生。直面人生中的磨难，直面现实社会的阴暗，才能看清自己的人格和尊严，才能有大彻大悟。

《周易·系辞下》里说："谦，德之柄也。"将谦卑融入骨子里，才能以平常心看待尘世，而不抱有偏见和埋怨。心存谦卑，才能俯下身子，以平等的姿态和万物对话，才能拉近自己与生命本真的距离；才能明白，荣辱都是过眼云烟，名利不过某一时刻的兴奋剂，它不能让你永远保持欢心。

作为一个出色而平凡的作家，只有保持卑微的心，像曹禺先生那样，才能走进生活底层，去了解底层女子的感情，聆听她们的呼唤；才能矮下身子，用坚强的意志体验社会中阴暗的一面，把磨难和痛苦作为生活的常态，把隐匿在人性中复杂悲苦的一面呈现出来。因为他会觉得，这就是"平凡的世界"。平凡的世界是谦卑的心灵所感悟出来的，是平凡的双眼所看到的。

像曹禺先生那样，拥有一颗谦卑的心，才能获得仰视世界的机会。曹禺先生用他坎坷的一生告诉我们，让一颗谦卑的心在低处行走，才能看到夜空中最亮的星星。

十八、一个出色的教育家，精神永不消亡

曹禺先生温和认真的生活态度给我们一种全新的动力。温和而认真是一种修养。

曹禺先生在散文《一位教师的家信》中曾这样写道：“此行千里迢迢，奔赴大学读书，我希望你能在科技教育上，一心一意地做学问，不要为家而分心。”“我们教师的生活比起有些人是很清苦的，但我们却乐此不倦。”“我想着：他们要成‘人’，要成为祖国的‘人’，成为党和人民所需要的‘人’。我怎么能让他们空着双手和头脑，站在哺育他们的祖国和党的面前呢?!”“我激动，我要教我的孩子们，用尽我的心血。”

寥寥数语，便将一个教师的一生展现在我们眼前，将一位父亲对孩子的期望呈现眼前。曾几何时，我们也将理想随身携带，像带着自己的心爱之物那样，在青春飞扬的时候，信心满满地去奋斗，去努力，可渐渐地，我们的理想之火熄灭，每天在烦琐的小事中失

掉了朝气。什么理想追求，都离我们远去吧！我们追求的是物质生活，让理想待在一个不为人知的角落里，蒙上生活的尘埃。

但曹禺先生不是这样的。他的一生从来未敢忘记努力进取，从年轻时候读书到后来写作剧本到晚年因为写不出作品而痛苦，他始终怀抱一颗热情的心，始终不懈地追求理想，并对生命本质进行了深刻的思考。

尘世纷扰，能够坚守自己理想的人实在是不多了；能够坚持一生与文字为伍，甘于在三尺讲台上奉献一生，甘于清贫、寂寞的人更是不多了。从曹禺先生的这篇散文中，我又看到了烛光在闪烁，哪怕微弱，也能给人以温暖和光明。

下了晚课，天已大黑，我的一个学生病了三天，没来上课，我就从学校到他的家里探视，为他补课。到了深夜，街道上路滑人稀，你妈妈急得四处寻找，以为我一定撞上了汽车，她几乎走了半夜，忽然灵机一动，找到这个学生的家里，直等我补完了课，才算把我拖走。

这都是平凡的老师所做的平凡的事。在曹禺先生看来，是那么自然。这是一种精神，勤奋踏实不畏艰难的精神是人生中最美丽的风景。在平凡的岗位上，哪怕一粒微尘，只要能折射出阳光，也一样是不平凡的。这是生活中的哲学，一点儿也不深奥。

从教书育人到文学写作，都是他对自身精神的执着追求。

我自己也是老师，对于曹禺先生散文中所说，我感同身受。一个国家的兴旺发达，归根结底在于教育。十年树木百年树人，百年大计教育为本。倘若每一个老师都能像曹禺先生那样，我们的国家和民族何愁不以最强者的形象屹立于东方大地上？只要精神不被打垮，就没有什么事是做不成的。

所以，从孩子的教育抓起，一方面我们自己身正为范，另一方面，用我们的言辞教育孩子感悟生活、树立远大的理想。

曹禺先生在写给女儿的信中就提到过这一点。他希望女儿多用功，人活着总要有一点儿比较可以自豪的内在的理想，万不能总想着有趣好玩的事情。

玩物丧志，业精于勤荒于嬉。现在的很多孩子，因为物质条件好，很少能体会到生活的艰难，也很少有机会去体会青春的苦难与挫折。

曹禺先生对女儿说，并非要求女儿去做苦行僧，但必须要有志气，为自己选择的道路去苦干。

这是一种务实的精神。一个人只有拥有了这种精神，才能朝着理想不断前行，才能让理想的灯照亮前方的道路，让黑暗中的自己不再迷茫。

可是，这是需要悟性的，并非所有人都能年轻的时候就懂得奋斗的道理。“不悟出自己活着的使命则一事无成，势必痛悔为何早不觉悟，到了一定年龄便知这是真理。”这真是大智慧大顿悟的肺腑之言。

在这个世界上，到底有多少人在为自己的理想打拼。对于他们来说，时间就是生命，和时间赛跑，在有限的时间内将生命无限地拉长，这一辈子就算没有白来一遭。这可以说是曹禺先生一生信奉的时间观点。他绝不会随随便便浪费时间，让时间在无聊中白白流逝，但他也不会像苦行僧一样，一个人在文字的道路上孤独寂寞地熬着。因为喜爱，一切便有了理由。

他在给女儿的信中说：“爱因斯坦说‘热爱是最好的老师’，他说自己一生的成就都得益于此。我想加一句：‘着迷是最好的朋友。’希望你能真正在创作中得到平静快乐的心情。”可见，曹禺先生不仅是一个剧作家，也是一个教育家。他懂得教育的真谛，明白教育应该从兴趣培养开始，从着迷开始。

著名教育家陶行知先生有一句教育名言曰：“真教育是心心相印的活动，唯独从心里发出来，才能打动心灵的深处。”在曹禺先生给女儿的信中，我们看到的也是一颗柔软的父亲之心，他对女儿的谆谆教导，又何尝不是对所有孩子的谆谆教导！“奋斗是万物之父”，所以他在晚年时候，还在想着，要追回已逝的时间，再写点儿东西，不然他情愿不活下去。人生是一张弓，是一张有韧性的弓，我们可以将它拉得很开很开，最后射出去的箭不一定飞出去多远，但一定是全力以赴、充满力量的。有这样的精神追求，曹禺先生时时都觉得自己精神抖擞。特别是读了名人传记《贝多芬传》之后，这位伟人激励着他，让他不得不写作，“即使写成一堆废纸，我也是得写，不然便不是活人”。铿锵有力的语言，掷地有声的句子，这些都是强心剂，给迷茫而垮掉的一代注入青春与活力。可以说，在教育问题上，曹禺先生有自成一体的教育方式。

当然，更重要的一点还需要有一股“牛劲”。所谓“牛劲”就是夜以继日的苦干精神。在大人物面前，我们感觉自己很渺小，在无边无涯的宇宙时空中，就连大人物也感觉自己很渺小。但是，即便一粒尘埃也有它的作用，一粒尘埃也可以在空气中找到属于自己的位置。曹禺先生在说到这个问题时，他曾对女儿说：

我的话不是给木头人、木头脑袋瓜写的。你要常想想，揣摩一下，体会一下，看看自己相差多远。杰克·伦敦的勇气与冲天干劲，百折不回的“牛劲”是大可学习的。你比起他是小毛虫。

杰克·伦敦何许人也？值得曹禺先生这么推崇，我们不妨来看一看。

杰克·伦敦是 19 世纪末 20 世纪初美国著名的短篇小说家，美国现实主义作家。他一生著述颇丰，他曾写过一篇短篇小说叫作《热爱生命》。这篇小说以雄健粗犷的笔触，讲述了一个悲壮的故事，生动地展示了坚韧意志的伟大。

诚然，在杰克·伦敦身上，曹禺先生看到了生命放射出来的耀眼的光芒。在病狼与病人的抗衡中，最终人获得了胜利，这就意味着，人的精神可以战胜一切。获得胜利不是因为人的躯体肉身，而是因为人比狼更具有坚韧的精神。曹禺先生的身上也体现出这种精神，并且，他把这种精神传递到下一代，在对女儿的教育中，他希望孩子能继承他的这一点韧性，有直面现实的决心和勇气，有超出常人的坚强的意志力。

从教育这一点上来说，曹禺先生给许多阴暗的心灵点亮了理想的灯。精神的空虚，心灵的寂寞，感情的颓废，可以让一个人在迷茫中沉沦，可以让一个人忘记“温情”“友爱”“拼搏”这样的字眼，并离它们越来越远。我们活着到底有什么意义呢？人生的意义在于奋斗。这就是曹禺先生告诉我们的。

而且，他所说的奋斗、珍惜时间，和快乐生活并不矛盾。他要求孩子们要有思想，懂得去分析判断。人是非常复杂的，生命是非常宝贵的。所以，能把心里的宝贝交出来，给人以启迪或教育，这就够了。曹禺先生的教育其实是建立在对“天”和“人”的深刻思考中的，又将这种思考与大爱联系在一起，与对一个时代未来的期待联系在一起。

十九、食色，性也

民国大师们既才华横溢，又幽默搞笑。几十位民国大师，他们在创作惊世骇俗作品的同时，留下了一桩桩逸闻趣事。在大师们高深思想的背后，也有和我们普通人一样的爱恨情愁，他们比我们还要浪漫，还要随性。如曹禺先生，他的文字沉郁顿挫，他关注现实，鞭挞现实社会中的种种黑暗，但他的性格却热情开朗，活泼外向。在感情方面，他很多情。曹禺先生的刚毅、落寞和孤独在人际交往中是不轻易流露出来的，但在作品中却不同。也因此，懂得戏剧的朋友从中看出了门道，不懂得戏剧的朋友也能看出一点热闹来。

现在我已经不想多说他在文学上的贡献了。生活总是有趣而丰富多彩的。走进大师的平常生活，看看他们幽默诙谐的生活片段吧！

“食色，性也。”这句话出自《孟子》，但不是孟子说的，而是告子说的。原话是这样的：“食色，性也。仁，内也，非外也。义，外也，非内也。”和孔子的一句话很相似。孔子说：“饮食男女，人之大欲存焉。”就是说人生离不开两件大事，一件是饮食，一件是男女。而告子的话说的意思是，“食欲，性欲，是人的天性”。人性和水一样，“水无分于东西”，性也“无分于善不善”。告子的话后来被记录在儒家经典著作《孟子》中，从此以后成了人们论述食欲和性欲本质的经典证据。

从这句话入手来看看民国大师们吧！

其实，相比于作品，我更喜欢了解大师们真实的生活。他们的喜怒哀乐，他们的举手投足表现出来的率性，都让我看到了大师可爱生动的一面。他们也常常戴着“有色”眼镜来看世界。

有一次，曹禺见吴组缃进来，便偷偷对他说：“你看，钱钟书就坐在那里，还不赶紧叫他给你开几本英文淫书？”当时清华图书馆藏书很多，中文洋文均有，整日开放，但许多同学都摸不到门。吴组缃听罢，随即走到钱钟书的桌边，请他给自己推荐三本英文黄书。钱钟书也不推辞，随手拿过桌上一张纸，飞快地写满正反两面。吴组缃接过一看，数了数，竟写下了四十几本英文书的名字，还包括作者姓名与内容提要，不禁让人叹服。直到新中国成立后，钱钟书还爱考问吴组缃：“马克思第三个外孙女嫁给谁了？”吴组缃只好回答不知道，但不免反击说：“你专会搞这一套！”

我们自然不会想到，像曹禺这样看似拘谨的戏剧大师，竟然也会怂恿别人去做这样的事，而更令我们感到好笑的是，吴组缃和钱钟书二人也若无其事，一个很自然地去讨要，一个很随意地给予，并未觉得有任何不妥或难为情之处。他们三个人，实在是三大活宝，将民国大师们的幽默搞笑汇集到一起了。

无独有偶，有一次胡适之的朋友们在胡家里聚餐，徐志摩像一阵风似的冲了进来，抱着一本精装的厚厚的大书，是德文的色情书，图文并茂，大家争着看。胡适之说："这种东西，包括改七芗（改琦，清代画家）、仇十洲（仇英，明代画家）的画在内，都一览无余，不够趣味。我看过一张画，不记得是谁的手笔，一张床，垂下了芙蓉帐，地上一双男鞋，一双红绣鞋，床前一只猫蹲着抬头看帐钩。还算有一点含蓄。"他们看了，评论了，也就过去了。这让我想起佛家一个故事。

有一天，师徒二人下山化缘，路遇一位年轻美貌的姑娘要过河，老和尚二话没说就把姑娘背过了河。走出十多里路后，小和尚再也憋不住了，就问老和尚："师傅你天天教育我要远离女色，怎么你见到姑娘还把她背过河呢?"老和尚说："唉，过了河我就把她放下了，你怎么走出这么远了还放不下呢!"

放下才能自在。率性、真诚，对于人生中的衣食住行，种种欲望都看作平常，才能用坦然之心去面对，而无须遮盖掩藏。肉体的需要是生理的需要，没有什么大惊小怪的，所以大师们也无须摆出不食人间烟火的样子来掩饰什么。再比如：

梁思成与林徽因在北海快雪堂松坡图书馆读书约会，徐志摩也常凑过去和他们聊天。梁思成不愿受到骚扰，便在门上了贴一张字条，写着“Lover want to be left alone”（情人不愿受扰）。

看来民国大师们，一个个都标新立异，很有个性。他们的道德文章、传奇经历以及逸事趣闻，都成了后人心口相传、书之不尽的永恒话题。尽管“五四”时期的那一批文人高举“砸烂孔家店，提倡新文化”的旗帜，然而，他们个个都是传统文化的饱学之士，有着非常深厚的国学根底。他们不愿做迂腐无用的书虫，不甘于民族的落后，而想借西方的先进文化，来唤醒当时沉闷的中华民族。所以，他们的文学作品中，既有西方文化的精髓，又有传统文化的矜持和含蓄。他们的性格中既有西方个性的解放，又有东方传统的美德。这些矛盾统一在他们身上，使他们更多地表现出那个时代的特点，有别于古人，又不同于现在。从这个角度上来说，我们也不妨称曹禺先生为“中西合璧”的曹禺。

曹禺先生和徐志摩一样，敢于大胆追求自己的爱情。爱美之心人皆有之，他既非圣人，又非神人，焉能克制七情六欲，无欲无求呢。

有才情者，多是情种。他们感情异常丰富，不仅对世界的感知很敏感，在对人性的思考、对美的追求上同样如此。

离开南开中学以后的曹禺，爱上了美女王右家。这是一种单相思，青春男孩一往情深的单相思。黄佐临在接受田本相采访时还说到此事，他说成年以后的曹禺依然对王右家一往情深。

王右家是曹禺戏剧《日出》中的主人公陈白露的原型，人长得漂亮，也很聪明。她家道殷实，但不是陈白露那样的交际花。在曹禺眼中，北京、上海都没有像她那样漂亮的人。她的一举手一投足都透出一种如音乐旋律一样的美感，她的一颦一笑都牵动着曹禺的心。但是，王右家是民国红人罗隆基的情人，后来嫁给罗隆基做妻子，然后又因为罗隆基的出轨，而改嫁唐季珊（电影演员阮玲玉生前的丈夫），最后又弃唐季珊而去。

王右家一直在曹禺的关注下，对于这样一个美女，曹禺想不一见钟情都难。但王右家从来就没有属于过曹禺，他只好把他的感情寄托在他的戏剧中。

曹禺 1945 年前后在重庆写作《桥》，他在见证王右家与罗隆基之间的婚变的同时，自己也陷入与妻子郑秀和婚外情人方瑞之间的三角恋中。陈白露是以王右家为原型的，剧中陈白露对待感情的方式，一定程度上也寄托了曹禺自身的爱情梦想。

可以说，王右家的存在激发了曹禺的创作灵感，点燃了他的创作激情。戏剧人物和生活原型之间虽然不能画上等号，但我们从中总会找出一些蛛丝马迹。

只是，曹禺永远无法走进王右家的生活中。不管罗隆基和王右家曾经爱得多么惊世骇俗，爱得惊涛骇浪，爱得多么风光无限、缠绵至极，最终也还是分道扬镳，最后各自在寂寞和寂寥中死去。此情此景，怎一个凄凉了得！

二十、曹禺和阮籍

李泽厚在《美的历程》一书中曾经这样说：“艺术与经济、政治经常不平衡。如此潇洒不群飘逸自得的魏晋风度却产生在充满动荡、混乱、灾难、血污的社会和时代。因此，有相当多的情况是，表面看来潇洒风流，骨子里却潜藏深埋着巨大的苦恼、恐惧和烦忧。”曹禺先生和阮籍处在不同的时代却分别代表了两种相似的艺术境界。一样的忧伤无端、苦闷彷徨，一样的对社会、对自己有某种恐慌，怕做得不够完美。他们以独特的形态一个表现了魏晋风度，一个体现了民国风采。

民国时期是中国历史上大动荡大转变的时期，是半殖民地半封建社会的终结阶段。这是一个特殊的历史时期，生活在这个时代的大师们，他们也有着前无古人后无来者的特立独行的个性。徐志摩、鲁迅、老舍、陈寅恪……这些当时第一流的诗人、作家、学者，他们都表现出惊人的才华，但在他们轰轰烈烈的生命背后，也都留下了一些痛苦悲哀的故事。“心之忧矣，永啸长吟”是他们常常流露出来的情绪，这种情绪会蔓延，会传染。所以，当时的民国大师们，在狂放不羁的生命中，或多或少会有淡淡的哀伤。因为政治的动荡不安，居所的漂泊无定，他们一边调侃整个社会和人生，一边又夹杂着沉重的忧惧和哀伤。

曹禺先生就是这类的典型。

万方在接受记者的采访时曾说，父亲绝不是一个勇敢的斗士。也许正因为此，他才在后来的“文化大革命”中得以保全性命吧。

他不是一个勇敢的斗士，也不是思想家。他性格懦弱、敏感，感情丰富，但他一定是一个优秀的艺术家，一个真正的艺术家。所谓的懦弱在某些时候也是优点，保全了他的生命，让他的艺术生涯得以延长。活着，比什么都美。

曹禺著作中融入的感情，很多时候都是隐而不显的。他的情绪隐藏在剧本中，他正是通过这种方式来宣泄他对那个时代的深沉忧虑。在《〈雷雨〉序》中，他是这样说的：

写《雷雨》是一种情感的迫切的需要。我念起人类是怎样可怜的动物，带着踌躇满志的心情，仿佛是自己来主宰自己的运命，而时常不是自己来主宰着，受着自己——情感的或者理解的——捉弄，一种不可知的力量的——机遇的，或者环境的——捉弄，生活在狭的笼里而洋洋地骄傲着，以为是徜徉在自由的天地里。称为万物之灵的人类不是做着最愚蠢的事吗?

对那个时代的敏感，以及自身忧郁性格的影响，迫使他不得不拿起手中的笔来写《雷雨》。感伤、悲痛、恐惧、爱恋、焦灼、忧虑等各种复杂感情都在《雷雨》中表现出来。他完全用一种激情来写《雷雨》，但他的内心是异常苦闷的。

他不尖锐，也不消沉。他的所有苦闷都有一个流淌的出口，那就是戏剧。这样也好，他虽在把玩文字，可不是玩弄文字；虽在把玩人生，可不是玩弄人生。他活得认真，做得细腻。但他的苦闷的情绪、孤独的愁思和几千年前的阮籍却是一样的。

我想，若是让曹禺生活在魏晋时期，他不一定会和阮籍一样放浪潇洒，但却一定会和阮籍一样深沉苦闷。他将情绪不动声色地安置在剧本中，含蓄委婉地表现出他对社会对人生的忧伤和思考，或者谴责与不满。他不声色俱厉、言辞尖锐，也不纵酒狂歌、癫狂迷乱。他只是将悲哀的心绪寄托在剧本中每一个人物身上，让读者去体会揣摩。至于读者能不能悟出他的情感，他不管。他只想通过这样的艺术形式表情达意便可。他天生木讷，不善言谈。即便内心情感汹涌他也能将波涛压在胸腔之内，表面上看，你并不能看出什么。他的感情如静水深流，是含蓄的，不显山露水的。曹禺先生的这一点和魏晋时期的阮籍就有很大相似性。

《晋书·阮籍传》是这样介绍阮籍的：“籍容貌瑰杰，志气宏放，傲然独得，任性不羁，而喜怒不形于色。或闭户视书，累月不出；或登临山水，经日忘归。博览群籍，尤好《庄》《老》。嗜酒能啸，善弹琴。当其得意，忽忘形骸。时人多谓之痴，惟族兄文业每叹服之，以为胜己，由是咸共称异。”魏晋风度其深刻的一面就在于，那时的文人无论在社会现实中多么不得志，他们大都不愿表现出来。表面上装作狂放不羁，轻视红尘，但他们的内心却非常苦闷，他们强烈地想改变社会。这是他们痛苦的根源。可个人的力量太过微小，于是，他们在游山玩水中，寻求精神上的宁静，而表现出来的则是仙风道骨一般的洒脱。

关于阮籍的故事很多，从阮籍的故事中，我们也能窥探出魏晋时期的社会状况，那的确和民国社会有诸多相似之处。从某种程度来说，越是大动荡的社会，越能造就出卓绝不群的大师。

魏晋时期司马氏父子把持朝政，意图取代曹魏。司马氏手段狠毒，他们排除异己，培植同党，形成所谓“魏、晋之际，天下多故，名士少有全者”的恐怖局面。在这种情况下，阮籍的内心是十分痛苦的，但这样的痛苦只能一个人在心底藏着，不敢言，也不能言。于是他常常驾车出游而漫无目的，直到走到路尽头则痛哭而返，这就是著名的“穷途之哭”。

阮籍就是这样的人，将一切情感隐藏在最深处。他的八十二首《咏怀诗》或隐晦，或直抒心迹，表现了诗人深深的人生悲哀，充满了浓郁哀伤的情调。他的诗作大都陶冶人的性灵，启发人的幽思。从阮籍身上，我们能看到魏晋文人痛苦哀伤而又苦闷绝望的心路历程。他的咏怀诗和抒情诗在中国诗坛上有着深远的影响。

比如他的五言咏怀诗："夜中不能寐，起坐弹鸣琴。薄帷鉴明月，清风吹我襟。孤鸿号外野，翔鸟鸣北林。徘徊将何见？忧思独伤心。"就在很大程度上塑造出了一个苦闷诗人的艺术形象。

这是多么无奈！内心极端痛苦，却道不得，说不得。很多时候语言是苍白的，"文革"时期的曹禺先生一定深深懂得其中的尴尬。"文革"时期，曹禺遭受迫害，他的政治痛楚没有可倾诉的地方，他也不敢倾诉。他小心翼翼，战战兢兢。曹禺以满腔愤懑的激情、被压抑的苦闷去感受生活的困顿。在他的剧作中，他连血带肉一起裹挟进对生活的感受中。

历史的风暴可以摧残一个人的身体，也可摧残一个人的精神。确切地说，若精神残废了，人就残废了。那种渴望自由、渴望理解、渴望创作的火焰被熄灭在历史的深渊里，却怎么也燃烧不起来了。那种无以言说的痛苦是任何文字都表达不了的。没有出口的忧伤就是阮籍式的忧伤。曹禺的灵魂在叹息，内心在煎熬，苦闷在哀号，可是他还不能像阮籍那样"白日放歌须纵酒"，也不能用狂放不羁的行为睥睨社会——曹禺先生没有阮籍的洒脱。在某些时候，曹禺性格的软弱部分决定了他不能说什么，也不能做什么。压抑，是一种常态，压抑下产生的作品往往会爆发出一种力量，这种力量可以冲破一切桎梏。这就是曹禺先生创作出来的几部戏剧中表现出来的共同点。

我们在生活中，可能都会遇到这样的情形：痛苦仿佛要让人失语，那种不能表达的痛苦足以令人发疯。阮籍这样，曹禺先生也常常发出类似的感叹，甚至觉得人生不过如此，产生过轻生的念头。尤其在晚年，当内心急于陈述的东西不能表达出来时，那种焦虑、烦躁不安表现得更为明显。

苦闷的灵魂会有很多种表现形式。阮籍在极端苦闷中将一颗心浸泡在酒缸里，他身不由己地卷进高层的斗争旋涡，他的诗文中响着悲怆的音调。“文革”以后的曹禺先生不也是为名所困，沉陷于官场的应酬而不能自拔吗?

阮籍常常被视为是魏晋风骨的化身，而曹禺先生也常常被视为是民国戏剧的化身。他们在思想上的沉郁，在艺术风格上的顿挫，都让我们不自觉地将这两个人联系起来。他们具有相同的性格因素，终身都如履薄冰。性格决定了曹禺和阮籍一样，一生都在悲苦中度过。我想，环境因素也是不容忽视的。不过，曹禺比阮籍要听话，所以他在万般无奈的情况下还能随波逐流，这种生活方式在那段特殊的时期里表现得尤为突出。阮籍一生不愿踏上仕途，可曹禺先生晚年却被仕途俗事缠身，以至于荒废了他的文学才华。由此看来，保持独立的人格是多么重要。只有不受制于他人，心灵得到极大的放松，才能创作出具有恒久生命力的艺术作品。

曹禺、阮籍都一样，他们的创作都是时代赋予的。曹禺在他早期生活的社会环境中，耳闻目睹了太多被压迫的故事，尤其是女性受压迫者，她们遭人欺压、蹂躏，命运悲惨，这样的状况让曹禺不得不写，不得不呐喊。通过舞台，他喊出他的戏剧主题："摧毁黑暗社会吧！让人成为人！"也正是从这一角度去了解，才能更多地发现曹禺戏剧的积极意义和美学力量之所在。

曹禺和阮籍在不同时代营造了相似的艺术境界。曹禺的作品以深刻的内涵表现了真实的民国社会。总而言之，曹禺和阮籍之间，既有高度的相似性，又有极大的差别。他们都是时代的代言人，他们用自己的方式喊出了时代的最强音。

二十一、酌酒半杯残照里

曹禺先生喜欢戏剧，也喜欢诗歌。他在少年时期就萌生出来的忧郁和苦闷、孤独和寂寞，在他的心灵深处激荡着不息的情感波澜，同时也使他开始思索人生。他敏感、浪漫，对诗有一种特殊的追求和喜爱。

曹禺先生一直是喜爱诗歌的。在“五四”的文化长廊里，曹禺先生是一个特别的存在。大凡热爱文字的人，在刚刚接触文字时，都是喜爱诗歌的。为什么？我想多半是因为文字是心灵的艺术，而诗歌是心灵艺术中的极品。诗歌仿佛是薄荷糖，给人以清凉的感受，又如月光，既柔和纯净又带给人无限遐想。诗歌充满魅力，让喜爱文学的我们在天真的文字空间中穿梭，忽略了尘埃笼罩的世界。曹禺先生既为天真率性之人，难免会和诗歌结缘。

他写过一首长诗叫作《不久长，不久长》，可以说是沿袭了《古诗十九首》的风格。不，它就是中国现代诗坛史上的《古诗十九首》，遗憾的是它被中国现代诗坛忽略了。这首诗充分表现了他对人生的喟叹，具有强烈的时代感。它非常符合鲁迅先生说的，一些青年带着世纪末的哀伤，这种哀伤里却含蓄着对时代的敏感，对自由的渴望和自由难以得到的忧伤。

诗人大都具有这样的特质，他总能更多地想到生命这个哲学命题，想到深邃的大千世界，想到人活着的终极意义。诗人是敏感的，神经末梢是纤细的，更容易被触动。有人说，愤怒出诗人。也许吧！那个时代是令人愤怒的。但归根结底应该是敏感浪漫而多情的人才适合做诗人。

曹禺先生就是这样的人，具有诗人的特质。他喜欢惠特曼的诗歌，能张嘴背诵美国总统林肯的《在葛斯底堡的演说》，他对民主自由是热切渴望的，他有决绝的思想："时日皆丧，予及汝偕亡！"没有强烈的感情怎能创作出具有浓郁情感的文学作品？

虽然他更大的成就是在戏剧创作领域取得的，可从他创作的小诗中，我们分明看懂了一颗敏感忧郁的心。

《林中》这首小诗是这样写的：

晚风吹雨，

点点滴滴。

正晴时，

闻归雁嘹唳。

眼前黄叶复自落，

遥望，

不堪攀折，

烟柳一痕低。

虽然曹禺先生不是诗人，或者说算不上一个优秀的诗人，这首小诗也算不上优秀，但它所营造出的静谧安宁的意境却是令人神往的。这首小诗有着淡淡的惆怅和忧伤。这里有晚风，有雨滴，有雁鸣，有烟柳，具有婉约的风格。这么柔婉的诗作在一定程度上折射出诗人内心的柔和。这么多伤感的景物被诗人收集来，放在一起，足以表现诗人的哀伤和苦闷了。但这哀伤和苦闷又是淡淡的，不经意的，被蒙上自然的萧瑟的色彩，看起来轻飘飘的，如云里雾里，又如清风吹拂，只温柔地一抹，我们就感觉到身心被洗涤被陶冶了。我们再看他的另一首小诗《“菊”“酒”“西风”》：

黄黄白白与红红，

摘取花枝共一丛。

酌酒半杯残照里，

打头帘外舞西风！

这首小诗也给人以熟悉的感觉，有模仿的痕迹，古典意味很浓郁，凄清忧伤的调子散落一地。这两首小诗都和小说《今宵酒醒何处》是相通的，风格上极其相似。探究其原因，还是要从曹禺小时候生活的环境说起。

曹禺先生很小的时候就开始接受古典文学的熏陶。继母在抽够了鸦片之后，喜欢兴致勃勃地叫他背诵古诗词。继母爱看《红楼梦》，她把黛玉的《葬花词》背得滚瓜烂熟，也颇能体会其中的韵味。小时候的他虽然不懂其中的悲苦，但看继母悲戚的面容，悲伤的调子，也感受到了其中伤感悲凉的味道。还没有进入中学时，他就读了大量的中国古典文学作品，《三国演义》《水浒传》《聊斋志异》《镜花缘》《西厢记》《红楼梦》等。他的诗歌中透出来的典雅体现出他古典文学的修养。读得多了，自然会信手拈来，仿佛这些句子早已在心中生根发芽了，无须刻意却能浑然天成。有时候究竟哪些句子是从书本上得来的，哪些句子是他内心的生发已不得而知。古典文学融在血液里，成为他生命的一部分。他也读过不少新诗，受这些新诗的影响，他常常有创作的冲动。1928 年上半年是他写诗最多的一个时期。他的诗歌或凄婉清冷，或恬淡幽静，诗歌意境总是朦胧超脱。他的诗歌从某些方面来说，也表现出朦胧诗的一些特征。如果曹禺先生在诗歌方面能有更多发展，他也一定是婉约派诗人，如果不信请读一读下面这首诗《四月梢，我送别一个美丽的行人》：

古城啊，古城，

这般蕴藏着惆怅，

这般郁积着伤心。

今夜凄淋的雨打着摇曳的灯。

水泻的泥路上行着一个落漠的行人。

我仍冒着冷雨送你归去。

你明晨便将无影无踪

……

看曹禺先生这些诗句，感觉他仿佛是不食人间烟火的天外来客。其实他那时也确实是对诗歌存有误解的。他认为诗歌就是超脱的艺术。这首诗依然和前面两首风格一样，一样的感情基调——凄楚而哀伤。我们读来，是不是觉得有点“为赋新词强说愁”的味道？这三首小诗都不能算是佳作，但曹禺作为一个诗人的才华和气质却充分体现了出来。后来他还写过一首长诗《南风曲》，发表在《南开双周》1928 年 5 月第 4 期上。

这些诗作都从一定程度上反映了曹禺当时的精神状态。他的诗作中有追索的苦闷和忧伤。也许，正是因为苦闷，他才可以更有韧性，他的思想才能达到一个新的境界。他在苦闷中孕育着思想，然后才能挣脱，才能破茧重生。从艺术角度上来看，曹禺先生在新诗当中，自觉追求古典意境，追求浓郁的情感。也正是这样，他后来的戏剧创作中才体现出浓郁的诗意，他的戏剧主人公说出来的台词才那么唯美，像诗一般，给观众极大的美学享受。

有人说：诗人所以异于寻常者在于感觉敏锐。常人的心灵好比顽石，受强烈震撼才生颤动；诗人的心灵好比蛛丝，轻微的一点气息就可以引起整体的波动……诗人能窥透幸福者和不幸者的心曲，他与全人类和大自然的脉搏一起起伏跳动，然而他终究是人间的最孤独者。

诗人的心是单纯的，敏锐的，诗人在心中构建一方属于自己的理想天堂。如果，现实背离了理想，这样一颗心支撑着的肉体往往会走向灭亡。

我们该为曹禺先生庆幸，为中国的戏剧庆幸。我们从美学的角度来观照曹禺先生，便能理解他那些优美的诗行寄托的情感，体会出他的孤独。他敏感的触角延伸到生活的各个方面。他诗人的气质和才华也可以说是与生俱来的。环境的压抑，个人对生活的思考程度，都决定了他小诗的内容。但他最终没有成为伟大的诗人。这反使我们感到欣慰，世间多的是优秀的诗人，而戏剧大师能有几人？也许舞台剧本更能表现他复杂丰富的情感。

他穿梭在艺术的殿堂中，坚守自己的理想。他觉得人生就是苦痛，有许许多多梦想有待实现，他的心里总是装着寂寞和时代的黑暗。

要说孤独和寂寞，古来圣贤多有之。古人云：古来圣贤皆寂寞。按照我的理解，我觉得圣贤寂寞者多，寂寞诗人则更多。多情让诗人寂寞，在寂寞中，诗人才能创作更多优秀之作。分析曹禺先生的那几首小诗，突然有一种“此情无计可消除，才下眉头，却上心头”的无奈和忧伤。在文人墨客中间有多少人不在渴求知音，不在忧伤感怀，不在戚戚然于世事呢！自然，年轻时的曹禺先生写下这样的诗句，未尝不含有“为赋新词强说愁”的意味。闲愁本就无可名状，作为一个敏感而浪漫的人，青春时代纵然有闲愁，也是那么美！

二十二、戏里戏外

记得我小时候，父母常常带我去看戏。那时候，我们的小街上有一个偌大的剧院，常常有外地剧团到剧院演出。

舞台上演员的表演至今还能记得一二。演员们“咿咿呀呀”地唱着，凤冠霞帔，长长的大袖子甩来甩去，动作轻盈、娴熟。至于唱的是什么，台词是什么，我从来都没有听清楚过，只记得台上的演员好像在哭，曲调十分凄凉，仿佛有撕碎人心的力量。可是奇怪的是，我们向后台望去，却见到后台的演员们谈笑风生，根本就没有悲伤的模样。这不是我所能理解的，我只带着满腹疑惑，深深记下这一刻，直到现在仍记忆犹新。如今人到中年了，琢磨来琢磨去，其实就是一点，戏里和戏外大约是不同的。舞台上单纯演戏的演员，他们是不能深刻体会剧作背后隐藏的悲伤的。

人生如戏。很多人这样说。戏是什么？是演出来的吗？是不是意味着脱离生活的真实？可是，曹禺先生的戏剧不是这样的！他写出来的剧本在一定程度上反映了他的生活，是一个时代的缩影。人世间的悲欢离合说是一出戏，又不全然是一出戏。我们是自己人生的主角，没有人可以替代。如果愿意长久生活在戏里，结果可能会忽略掉生活的真实。如果总是生活在戏外，则又可能太过客观，只会用冷漠的心对待生活，感受不到其中的乐趣。

我父母也演戏。他们在生产队演戏，我没看过。我不晓得父母唱戏时的神情，也无法体会他们的情感。不过想来，戏里戏外应该是不一样的人生吧？问他们，他们笑而不答。从父母的笑容里，我自己揣测，大约人生如戏，究竟怎样去欣赏去参与，还得靠自己领悟。

我是带着这样的好奇来研究曹禺先生的。曹禺先生自己写剧本，自己演戏，他是写戏的人，又是演戏的人。他的生命活动几乎全在戏剧的包围中。他的生活和戏剧一样吗？

生活和戏剧是不一样的。生活中有太多的酸甜苦辣需要亲自去体味，有太多的责任要承担。戏剧只能是生活的一部分，却不是全部。用濮存昕的话来说，他一天要干八天的事情。“现在是我一生最宝贵的时间：上有老人健在，下边孩子长大了，家庭和谐美满，我可以全身心地干自己的事业。等上了年纪，恐怕精力就没这么足了。我得抓紧时间啊。”

曹禺先生写戏，演戏。他应该更懂得戏里戏外的别样人生。

他在一个封建官僚家庭中出生，自然有机会接触当时社会上的所谓上层人物。幼年的曹禺经常出入这些官僚、买办家庭，他的戏剧中各种生活场景其实都来源于他的生活经历。1929 年，父亲突然去世，他体味到世态炎凉，他从家庭没落的过程中，看到残酷的现实，这是他创作的坚实的基础。从这一点上来说，他的演戏，同时也是在复制生活。他的舞台人生和他的现实人生，我认为是相映照的。他的戏剧和我小时候看到的舞台表演不同。时代差异、经历差异以及对生活的感受能力的差异，都让它们表现出截然不同的个性特征。曹禺先生一直是苦闷的，他将自己的感情融入戏剧中，创作出大量带有悲剧色彩的舞台形象，他的现实生活也处处充满苦闷忧郁，处处让人感受到生活的悲凉。

戏里戏外，我们还是要分清。也许在戏中，你所扮演的角色是幸福的，光明而快乐的；在戏外，你的生活又会以另一种面貌呈现，你是悲苦的，生活是捉襟见肘的，性格是沉郁顿挫的。这些都不要紧，只要能分清楚，明白自己的位置，懂得如何演好戏里戏外的角色便十分美好了。

戏里人生演过就放下了，戏外人生则有说不清道不明的辛酸和感动。只有经历过生活的磨砺，经历过风雨洗礼的人才能在戏里从容应对。戏里花旦拥有成熟与雅致，淡定和从容，戏外青衣女子也许疲惫不堪，忧郁哀伤。戏里人生无限风光，戏外岁月几多彷徨。戏里戏外互相融合又互相背离。

舞台的味道，曹禺先生有更多体会。舞台剧情，不是幻觉亦是幻觉，不是现实亦是现实。他将生活复制在剧本中，搬上舞台。有时候他觉得剧中人物就生活在身边，有时候又觉得剧中人远在天边。他们在他心中来来往往，是行云流水、镜中花月，难以捉摸又触手可得。在舞台上，曹禺先生把他曾经看到过、经历过的一切重新回放了一遍。在他多愁善感的心灵中，有人策马而来，有人扬尘而去，有人风流倜傥，有人含愁蹙眉。他们的举手投足在曹禺先生看来都像极了一场华美的盛宴。他安排他们就座，安排他们退场，安排他们为他的生命写下凝重的一笔。他用尽心血来铺张舞台上的一切，纵使生命燃尽也无怨无悔。

理解他的人、他的人生，就从戏剧开始吧！曹禺先生是舞台戏剧的化身。在戏剧中，他愿长醉不愿醒，愿终生做戏剧的奴仆。而这一切，都源于热爱。

二十三、温暖依旧未改变

曹禺先生首先是一个善良的人，其次才是一个剧作家。陈云路在《听朱光潜讲美学》一书中曾谈到“善”的问题。他说善良是人的本性。不管是性本恶还是性本善，最终的指向都是“善”。

曹禺先生在江安时是剧专的一位老师。他的多愁善感体现在他的剧作中，他的善良天真体现在他和学生们的交往中。

曹禺先生同那些年轻人在一起时，是十分愉快的。他喜欢他的学生。他常常同他们一起散步。江安虽没有什么名胜古迹，但那些花花草草、绿油油的稻田也令人心旷神怡。曹禺先生和学生打成一片，感受他们的喜怒哀乐，也为他们的生活付出了大量心血。

他很疼爱自己的学生，体贴他们，理解他们。他一直用一颗善良的心对待他的学生。他的学生吕恩说：

万先生的性格是很开朗的。我们进剧校都要有保证人，我是上海来的流亡学生，找不到保证人，就通过一些亲友找曹禺先生当保证人，他慨然应下。我过去演过戏，一进剧校有些优越感，同学们对我有看法，我不想读下去了，就去找万先生，他是保证人，得跟他讲嘛。我说：“万先生，我不干了，我把铺盖都打好了，别人那样看我，哪里不能念书，何必在这里受气。”我一边说一边流泪。万先生一边听我说，一边帮我擦眼泪。他把铺盖卷打开，送我回宿舍，他说：“还是不走吧！没有关系的，会好起来的。”万先生很爱护学生。

还有一次是学生闹风潮，有个学生把训育主任张秉钧打了。这个学生叫张正安，是班长。学校要开除他，曹禺先生为他说情，终于免去了开除的处分。张正安写信给曹禺说，幸亏是万老师帮助弄了个留校察看。几十年来，他从未忘记万老师，不能忘记他的教诲和他的爱护。

“师者，所以传道授业解惑也。”曹禺先生不单单教给他们戏剧舞台知识，而且教给学生为人处世的道理。曹禺先生用自己的言行教育学生，用自己的爱心和善良为学生树立一面旗帜，这面旗帜上写满仁爱和谦让。他和林语堂不一样，林语堂是狂放不羁的，很小他就认为制度很束缚人，他反对刻板的制度，也不喜欢他的学生循规蹈矩，所以他的课堂充满了活跃的气氛。他的上课方式完全是西方式的，自由而随性的氛围，像下午茶一样自由自在。比如说林语堂先生在上课时，有一次迟到了，来的时候竟然带来满满一包花生。上课了他也不讲课，只顾吃花生，并让同学们品尝。后来他大讲吃花生之道，对学生说："吃花生必吃带壳的，一切味道与风趣，全在剥壳。剥壳愈有劲，花生米愈有味道。"说到这里，他将话锋一转，说道："花生米又叫长生果。诸君第一天上课，请吃我的长生果。祝诸君长生不老！以后我上课不点名，愿诸君吃了长生果，更要长性子，不要逃学，则幸甚幸甚，三生有幸。"这是林语堂的幽默与智慧。

曹禺先生在学生心目中是什么样的呢？他的课堂是什么样的呢？他在国立剧专学生的心中，其实一直受到极高尊敬，他的形象永远是乐观、开朗、热情和年轻的。

叶仲寅是剧专的第一届学生，在她的心目中，曹禺先生很有清华的气派。曹禺不是一个高大的人，清清爽爽的样子，戴着无边金丝眼镜。他上课很客气，很热情。比如说，他若是布置作业，就会这样说："请你读这一本，请你读那一本。""请你怎么怎么样"，我们现在不也在教育学生注意礼貌用语吗？曹禺作为剧专的教授，知名教授，如此谦和，如若不是他骨子里具有谦谦君子的气质，又怎能说出这样的话语来？言为心声，他的礼貌正是建立在对学生充分尊重的基础上的。曹禺对学生很有耐性，每次上完新课，他都要求学生交读书笔记，而且每星期交一次，他都亲自批阅，指点他们。

有一次，学生排演话剧《日出》，曹禺先让他们理解人物，找出剧中人的情感主线，按照作者的意图来处理人物关系。很多学生背不好台词，演不好，他就示范，这样一来，等于每一个人物都要他来做样板。可是曹禺从来不对学生发脾气，非常有耐心地给予指导。曹禺的学生凌子风说，先生上课时，从来不带讲义，当然也就不像有些老师抱着讲稿，自说自话。他来上课，经常是带着他要介绍的世界名著，可是那时候，翻译过来的名著不多，他就看着英文说中文，看着剧本就表演。所以学生们都为之着迷，连别的班的学生都赶来听课。这样，教室就成了小礼堂了。

学生们看台上的曹禺老师即兴表演、翻译、朗诵，都被他的热情所感染。我想，能够有机会听到曹禺先生上课的学生，他们的人生一定会受到很大的影响。他们的记忆中，曹禺先生的音容笑貌、举手投足都会投射出他温和又善解人意的特性。

曹禺先生的学生中，还有一个叫作蔡骧的。蔡骧是曹禺先生最年轻的一个学生，他是遵父命来上学的。他父亲和曹禺是要好的朋友，在剧校招生时，他很用功努力，没有依靠父辈关系也通过了考试，被破格录取。他当时只有十五岁，以至于后来入学到校时，学校的老教务员很惊异地说，怎么收进一个小孩来。果然，因为他小，排戏时，他只能演孙子，快毕业了才升到儿子，成为笑谈。那时候，蔡骧和同学常常到老师家里上课。因为当时是抗战期间，物价上涨，这些流亡的学生伙食太苦了，曹禺先生让学生到家里上课，在沙发前，总是摆着糕点枕头酥，这样一来，学生听课之余，还可趁机解馋，精神和物质，都有所获了。曹禺对学生的爱是点点滴滴的，这些都渗透到学生的心灵深处，许多年来，一直是他们最珍贵的收藏品。

在众多学生心目中，曹禺先生是充满活力的。他用他火一样的满腔热情，让更多学生获得戏剧的熏陶、情感的陶冶。

剧专面试中，他对来面试的学生很客气，他给学生留下的印象是，曹禺先生不是在“考”他们，而是在“帮”他们。他总是在不经意间给学生以启发、引导，在潜移默化中给学生以鼓励。所以凡是由曹禺先生面试的学生，他们心中都怀有感激。在他们心中，曹禺先生爱学生，爱文学青年。他是彬彬有礼、温文尔雅的。他用行动教育学生要心胸开阔，不要斤斤计较，不要因小失大，他不仅为学生开启了一扇通往校园的大门，更为学生开启了一扇通往社会的大门。

如今，曹禺先生已经故去，他留给我们的感动还在继续。作为一名教师，他是普通的，但又是伟大的。他把一生献给了孩子，献给了舞台艺术。

遇到好的老师，无疑会给学生的整个人生观、世界观以良好的影响。我在大学时就喜欢看曹禺先生的剧作。于我而言，曹禺先生就是那铺张开来的绿，而我则是绿意覆盖下茁壮成长的幼苗。

二十四、由“关关雎鸠，在河之洲”引申来

曹禺先生在散文《从“关关雎鸠”想起的》一文中写道：“我小时候，老师教《诗经》，并不从‘关关雎鸠，在河之洲。窈窕淑女，君子好逑’这首诗启蒙。我的老师十分得意，挑选‘父兮生我，母兮育我……’那篇开讲。”由此引发对人类繁衍问题的探讨。他说老师的这种教法，是深得父亲喜爱的。大抵是因为父亲觉得任何一个人都要感恩父母将自己送到这个世界上来。天地君亲师，“亲”的地位是极其重要的。

他父亲的这种观点还是很传统的。天地之大，没有父母就没有我们。无论风云怎么变幻，我们永远都如一只鸟儿，在父母的臂弯中渐渐长大。因此，感恩父母，懂得孝悌之道，是为仁之本。《增广贤文》中说：“鸦有反哺之义，羊有跪乳之恩。”君子务本，本立而道生。曹禺先生的父亲赞同老师的做法，他推崇中

国的儒家学说。孟子云："孝子之至，莫大乎尊亲。"就是说孝子行孝的极点，没有超过尊奉双亲的。

这样看来，曹禺先生的老师也是标准的儒家学说的倡导者。他从《诗经》中选择这一篇来教育学生，目的就是引领学生走向人之初。大爱无疆，大道致远，从善德抓起，这是老师的职责。曹禺的老师深深懂得这一点，在传授知识的同时不忘德育。

曹禺先生在学堂里学得的知识深受他父亲赞赏，可见曹禺的家庭教育也是以传统的儒家文化为主，而恰好他的老师就是儒家文化的卫道者。二者结合，相得益彰，才将曹禺塑造成一个饱读诗书、具有古典气质的学者。

曹禺先生一生接受古典文学的熏陶可谓深矣。他在家受到继母的影响，对古典文学有所研读；在学堂里接受老师的教育，对古典文学有自己的见解。

不过曹禺先生在散文中，对于《关雎》篇另辟蹊径，说这是他接受生育知识的第一课。因为爱情的缔结，男女成为父母，因为有了父母，人类才有历史。

所以说，从《关雎》开始说起，说到泱泱大国的昌盛兴衰，生息繁衍。再继续延伸，说到中国的生育政策。可以说，这一切都是由《诗经》引发的。又好像是在《诗经》时代，我们的祖先就能预测到人口需要控制似的。

我以为一介书生，一心只读圣贤书，两耳不闻窗外事。其实不然。曹禺先生在创作戏剧之余，还写了许多散文。他的散文完全和戏剧的风格不一样，干预世事，发表观点。唐代诗人白居易曾提出“文章合为时而著，诗歌合为事而作”的观点，也就是说，对于读书人而言，要对自己所处的时代给予充分的关注，对现实社会给予深切的关注，把改造社会、促进社会进步作为一种责任。读书人要去感悟社会，体验生活。

曹禺先生的散文在很大程度上体现了这一点。他写的这篇由《关雎》生发出来的文字，就是针对社会现实表达他的忧思。

曹禺先生认为，中国人受儒家传统思想的影响很深。孟子云“不孝有三，无后为大”，于是在与人争吵时，也常常听人骂道“断子绝孙”。中国人最不能听的就是这个，所以一门心思让香火旺盛起来，希望能够延续家谱，子孙满堂。就是在对一对新人的祝福词中，也总是喜欢说“早生贵子”之类的话。这样的结果是什么？中国终于成为世界上人口最多的国家，人均土地少得可怜，许多现实问题接踵而至，令人目不暇接，不知所措。

当美好爱情步入婚姻的殿堂，当婚姻又被生活的琐碎所填满，当琐碎的生活充满了互相埋怨，蓦然回首才发现，“窈窕淑女，君子好逑”离我们那么远！

曹禺先生认为，由超生、不加节制地生育所带来的问题是严峻的，不得不去重视。新中国成立以后，人民的生活得到极大的改善，寿命也大大延长，这时，那些“淑女”和“君子”们，想方设法地多要孩子。“全国老百姓的衣、食、住、行，教育卫生、就业等方面，因‘超速度’的生育，几乎发生‘川壅而溃’的大困难。”这样势必造成一系列问题。比如孩子的教育问题，家庭收入的提高问题，就业问题……正是对社会的这种忧患意识，才使曹禺先生更多了一层苦闷。在这样的社会环境中，他又怎么能快乐起来?

曹禺先生虽然沉心于他的戏剧创作，在生活琐事方面近乎白痴，但他常常想到子女的教育问题，也为那些年轻的父母而担忧。护理孩子，照顾老人，买菜做饭，洗衣缝补，家居生活的一切都是真实存在的，和不食人间烟火的诗歌不同，和舞台上短暂的表演不同。

因此，曹禺先生在散文《从“关关雎鸠”想起的》一文中说：“‘计划生育’是时代赋予我们的要求，也是‘君子’与‘淑女’要做父母的时刻，应严肃想到的问题。”虽然随着时代的发展，情况的变化，国家的人口政策现在又有了新的调整，但从曹禺先生当时的这些观点里，我们仍能感受到他忧国忧民的赤子之心。

二十五、充满激情的爱国者

大家比较熟悉的鲁迅先生，他以手中之笔做剑，直指封建社会，指向那个人吃人的黑暗社会。

我们自古以来，就有埋头苦干的人，有拼命硬干的人，有为民请命的人，有舍身求法的人……这就是中国的脊梁。

青年们先可以将中国变成一个有声的中国。大胆地说话，勇敢地进行，忘掉一切利害，推开了古人，将自己的真心的话发表出来。

鲁迅先生是中国挺直的脊梁，每次读到这些慷慨激昂的句子，我便热血沸腾。鲁迅先生像一面旗帜，他的凛然正气一直激励着我们。说起文人爱国，我们最先想到的就是鲁迅先生，谁能想起曹禺先生？曹禺先生所做的努力，他那些掷地有声的呼喊我们很少能听到。正因为此，我才觉得，写这方面的内容是多么有必要。

读曹禺先生散文随笔，很多篇章都流露出他对祖国的担忧，对苍生的大爱，对当时中国黑暗现实的焦虑以及对新中国未来的憧憬。那些倾泻而下的情感时时震撼着我们的心灵。

转到自己，假若生命力犹存在躯壳里，动脉还不止地跳跃着的时候，种种社会的漏洞我们将不平平庸庸地让它过去。我们将避去凝固和停滞，放弃妥协和降伏，且在疲弊困惫中要为社会夺得自由和解放吧。

——《杂感》

凡是和他们侵略军队交手过的人民，都深信侵略者最后必然被人民的铁拳打下去。他们开始是沸沸扬扬不可一世，结果总是灰灰溜溜，惨惨凄凄地一败涂地。

——《不退出，就消灭他！》

一位作家必定心怀大爱，才能写出这样的文字来。文弱的书生用一支笔做武器，期望改变愚弱的国民精神。否则，就算他们体格再健全，也不过是任人宰割的奴隶罢了。

人生长短并不重要，重要的是生活得有价值。在民国时期，曹禺先生生活的那个时代，社会动荡不安，历史的风云中涌现出一大批爱国志士。他们或以笔为戈，或用热血荐轩辕，用不同的方式表达自己的爱国心，令一代又一代人崇敬、传颂。

鲁迅先生将一腔热血洒在他所热爱的祖国大地上。相对来说，曹禺先生要温和一些，但他也为了自己的祖国，为了心中追求的真理，展现出了忠贞爱国的情怀。他的那些铿锵有力的文字能燃起我们心中的豪情，点燃我们追寻理想的希望之灯。一个在文字中力图使祖国政治清明、繁荣昌盛的作家是深刻的。他一定懂得珍惜、感恩，一定会为了追求正义、真理而固执地发出麻木的人所不屑的呐喊，一定会表达美好的理想不得实现的忧郁和愤懑——这就是曹禺先生，一个在民族没落时期对危难中的祖国和人民痛心疾首的剧作家。

前文摘选很多曹禺先生慷慨激昂的文字。这些文字看起来与曹禺先生的性格很不相称，它们却从另一个方面展现了先生的气度，使我们看到他温和的性格背后横眉冷对千夫指的硬气。这样的文字在他的戏剧作品中是很难找到的。换句话说，曹禺先生的戏剧作品更为含蓄，表现的情感更为柔和。

曹禺先生从来都有一种责任感，认为这个社会非改变不可，他想找寻一条出路来解决中国社会遇到的问题。他读哲学著作，读所罗门的智慧，读耶稣给予人类的真诚热爱，但没有任何一种思想能俘虏他。他执着地追寻，终于在戏剧中找到这条道路。在他的早期创作中，他的作品思想深刻而尖锐。在他进入南开中学学习时，他一方面演出古典名作，一方面进行民主宣传工作。

1980年，曹禺在接待当时的西德记者乌韦·克劳特采访时说："我首先是一个爱国者。"这句话可以说是曹禺先生给自己的一个定位。我觉得他晚年的几乎所有作品都能体现这一点。即使说晚年时期没有创作出太多好的作品来，但不可否认的是，他一直对祖国是热爱的。

大凡爱国的篇章都具有统一的个性：慷慨激昂，掷地有声。像曹禺先生这么温和的人，偶尔也能发出一两声震撼天地的呐喊：中国人，你听着！——倘使你是个人哪，你应知"睡眠"还不是一个简单的动作，不只钻进臭黑污油的棉被，裹着一块肉体就了事！（《中国人，你听着！》）

他说他一生都在接受党的教育。因此，他要做的是具有崇高道德的人，能够为真理而不惜牺牲的人，能体现出党性的人。作为深受共产党思想影响的老一代文艺工作者，他一生都坚定地跟随党的脚步，始终将共产主义真理作为一生的信仰。

他是一个热烈的爱国者，他的戏剧作品中时时透出这一点。包括他在创作《北京人》和《蜕变》这两部作品时，他常常正面接受周恩来同志的教育，接受抗战期间党的方针、政策。

这样子的话，他从内到外都是一个积极的爱国主义者。

中国的路，

是如此的崎岖，

是如此的泥泞呀。

雪落在中国的土地上，
寒冷在封锁着中国呀……

透过雪夜的草原，
那些被烽火所啮啃着的地域，
无数的，土地的垦植者，
失去了他们所饲养的家畜，
失去了他们肥沃的田地，
拥挤在，
生活的绝望的污巷里；
饥馑的大地，
朝向阴暗的天，
伸出乞援的，
颤抖着的两臂。

中国的痛苦与灾难，
像这雪夜一样广阔而又漫长呀！

——节选自艾青《雪落在中国的土地上》)

这么感情浓郁的诗句，可以想象当时的中国是处在怎样一种落魄的境地中。曹禺先生和艾青先生同年出生，又在同年去世。他们身上都体现出那个时代悲苦的影子。一个通过诗歌表达对祖国深沉的爱，一个通过戏剧表达这种爱。我们不谈政治，但我们的心中永远装着祖国。

文人的肩膀是瘦弱的，可他能扛起民族的灵魂。南宋词人辛弃疾二十一岁参加抗金义军，一生坚决主张抗金。他奔赴抗战第一线，用悲壮而豪情万丈的诗词抒写力图恢复国家统一的爱国热情，倾诉壮志难酬的悲愤。如果没有那些文艺作品，我们的英雄将以什么样的方式永垂不朽？而我们又怎能重新再现那些烽烟四起的黑暗岁月？

前进，
愤怒的中国人民！
我们从不忘记一百年来对美帝的仇恨。
前进，
越过祖国的边疆，
前进！
在祖国的土地上，
美帝豢养的八百万部队，
我们都消灭个干净；

今天再和朝鲜弟兄，
一同捣毁美帝的兽军。
前进，
向猛烈的炮火中前进！
我们知道，
这是神圣的斗争，
为了我们的儿女和朝鲜的儿女，
为了我们的母亲和朝鲜的母亲。
前进，
英雄的中国人民！
我们光荣地摧毁了多少次干涉革命的敌人。
祖国召唤着我们，
钢铁的巨人，
发出坚强的声音：把侵略者消灭！
祖国才得到持久的和平。
英雄的中国人民，
前进！

——选自曹禺诗歌《前进，英雄的中国人民》

不一样的表达，一样的呼喊，一样炽热的情感。中国历史上永远有一种声音在高喊着，从古喊到今。

在一切向钱看的时代里，在一切都变得冷漠的时代里，我们是不是应该和曹禺先生一样，用柔弱而坚硬的一支笔在空中划一下，让闪电能透过密密的云层射下来？

不管是用激情热烈的方式还是用平和沉稳的方式，我们应当像曹禺先生那样，心中时刻有祖国，为祖国的更好更强尽上绵薄之力。

二十六、读你的感觉像春天

若是说曹禺先生是一个少有趣味的人吧，其实一点也不对，虽然我们所了解的关于他的逸闻趣事少之又少；但若说他是无趣严肃的吧，也不尽然。通过对他的研究，我发现曹禺先生的内心永远装着春天。所谓一花一世界，一草一天堂。你的心里装着什么，你看到的世界就会是什么样。我们每个人对待生活的态度不同，因此我们或悲观或快乐。关于春天，在曹禺先生内心是占有一定分量的。年轻时候他朝气蓬勃，写出来的作品充满着新生的喜悦。《雷雨》这部戏剧看起来就像是春天茁壮成长的树木一样，给人以力量和希望。

他对于春天的喜爱甚至超出我们的想象。

他写的诗歌中有很多都是关于春天的，读起来便觉得郁郁葱葱，养眼怡情。他的诗歌有新生儿般的天真可爱。他说，哗哗，哗哗，婴儿的声音在嫩芽中笑。一片绿叶在大地里深藏。他又说，花，看你在微风里摇颤，看你在春雨中无言的泪。曹禺先生恐怕连自己也没有察觉，他对春天这般情有独钟。

这一定是他潜意识中就存在的。曹禺先生生活在沉闷的家庭中，虽然物质生活上他看起来不痛苦，但感情上却简直是一片荒原。没有母亲，没有亲戚，没有一个可以交谈的人，死水一潭的家庭氛围，就是一座坟墓。在这种环境中久了，定然对春天是充满向往的。春之为春，在于它新生的力量。它是明媚的，娇嫩的，充满希望的，给人以力量的。曹禺先生的生活中没有春天，只有凄厉的北风呼啸而过，他情感的荒原需要春雨的浇灌、春草的点缀、春花的熏染、春风的抚摸。他将这些渴念无意识地安排在作品中，读之，除了淡淡的感伤，更多的则是对他终于寻找到春天的欣慰与同情。

他自己曾在自述里说，我爱《雷雨》如冰融后的春天。这话说得多么富有诗情画意啊！很明显，他具有诗人的敏感气质。《雷雨》这部作品无论从哪个方面来说，都是曹禺先生的春天。

春天在哪里？春天也在曹禺先生的心中。年轻时候他就是春天，精神抖擞地去创作《雷雨》，在激情难以抑制的状态下，写下这部不朽的著作。在江安剧专时，他深入贫民区了解穷苦人的生活，甚至深入到妓女的生活圈中，去调查了解，采集资料。他对她们抱着深切的同情。他的内心永远充满爱，装着对人间的热爱，对生活的热爱。他的热情足以融化所有的严冰，给别人一份暖意融融的春天。

一个怀中揣着爱的人，他走到哪里，春天就跟到哪里。

曹禺先生深爱肖邦的音乐。从童年起，他的生活就蒙上一层阴影。一个死气沉沉的家庭能给他带来什么？除了苦闷还是苦闷。但音乐却是他生活中的阳光，为他打开一扇通向光明的门。万方曾在《我的爸爸曹禺》中这样写：“天依然那么晴朗，这真是冬天少有的好天气。我爸爸坐在阳光里听肖邦的钢琴曲，穿过音乐，他听到自己的内心，那儿只有一种类似于耳鸣一样的永不间歇的声响……”

因为音乐，我们看到晚年的曹禺先生内心流淌着春天，看到他不绝如缕的诗情和永不凋零的青春记忆。也因为爱着，最细腻的心事就在春天里袒露出来。曹禺先生一直是富有激情的，他的这些感情我们姑且看作心灵的萌动，像春天一般热烈。他的心情一直在音乐深处行走，明媚也好，忧伤也罢，在音乐的王国里，他从不加雕饰，不加伪装。

读曹禺先生，就像在解读一首诗，一支歌，一份春天的感觉。读曹禺先生，你会更为真切地理解费翔的歌曲《读你》：读你千遍也不厌倦，读你的感觉像春天。在秋虫唧唧的夜晚，读曹禺先生，自觉像做了一件伟大的事，满心俱是欢喜。曹禺先生的音容笑貌仿若在眼前似的，一个时代的春天款款地向我走来了。

他坐在医院的阳台上，阳台很宽大，也很长，空无一人。他坐在一张藤椅里，太阳光照在他的头顶上。稀疏的灰白的头发在阳光里显得干枯而脆弱。而他脸上的神色是那样安详。

——节选自万方《我的爸爸曹禺》

万方的散文是缓慢的，像一个慈祥的老人在春日下沉睡，这一点让人觉得温暖。她写曹禺先生，充满了对父亲的怀念。带着她的文字，我们走进曹禺先生的一生。有位思想家曾说，“人生的不幸大于有幸”。曹禺先生也总是发出感叹，人生为何这般孤独与痛苦！但即便这样，他的文字依然给人以春天的感觉。他的坎坷一生像一杯芬芳的老酒，让后人品味，让后人肃然起敬。

谁能不喜欢春天！谁能不热爱自己的青春！曹禺先生总是说，“没有比青春再好的东西了”。他对青年是非常羡慕的。谁不羡慕青春啊！

读曹禺先生，就是读一部春天的书。那是一部温暖的，关于爱的文字。

二十七、亲人，最彻骨的痛

田本相在《曹禺传》中写到曹禺先生的生母在他出生后第三天去世。

1910 年 9 月 25 日，一个新的生命降临在万家。这个小生命为万家带来欢声笑语，也带来极度的悲伤。他就是曹禺。

老祖母为新生命的到来，高兴得合不拢嘴，为他取名家宝。家宝，家宝，万家之宝。正当大家沉浸在喜悦中的时候，灾难也悄然而至。家宝的母亲在产后觉得身子不适，起先发烧，腹痛，过了一天病情加重。到了第三天，已经呼吸短促，高烧不止，饮食不进了，终于不治身亡。家宝的母亲得了产褥热，现在来说，是不难治愈的。但在那个年代，却极难治好。这样，全家由极度的喜庆跌入悲痛的深渊。

曹禺自然体会不到父亲万德尊的那种悲伤。他太小了，还没能完全睁开眼睛看世界的时候，最亲近的人已经先于他而去了。

一次偶然的机会，他从奶妈口中得知生母病故的旧事。小小年纪的他怎能忍受这样的打击？尽管后来他的继母（也是他的姨妈）待他如同己出，但失去亲人的痛苦一直伴随了他一生。母亲，这个最可爱的字眼，在曹禺先生的词典中还有那么温情吗？这个不幸的事实一直是他人生忧郁和痛苦的源泉，在他的内心深处蔓延着，发酵着，扩展着，凝聚着，他无法忘记，也无法释怀。

我想，母亲的微笑应该是世界上最美的微笑。可是家宝没能看到母亲的微笑，也没能感受到她的慈爱与温暖。不管家里有多少人疼爱他，有几分爱能抵得上母亲的一个微笑？有几分爱能化为春雨，滋润那颗幼小的心灵？

母亲的死，是曹禺一生最沉重的打击。正源于对母亲的渴望，曹禺先生的戏剧中始终透出对女性的尊重和悲悯。他在各部戏剧中塑造了许多温柔善良的女性形象，对女性的赞美是他戏剧的重要主题。

有人说，人生三大悲事是少年丧父，中年丧妻，晚年丧子。

在曹禺先生一生中，人生三大悲事，他占了两件。想来人生实在过于悲凉。曹禺父亲万德尊去世时，曹禺才 19 岁。曹禺先生在回忆父亲时是这样说的：“他是因为债务生气，一着急便死去了。是我去报丧，都是由我跑的。所有的人对我报丧都不起劲，除了李仲可，别的人都不来过问了。家庭一败，立即脸就变了，就像鲁迅说的那样：‘有谁从小康人家堕入困顿的吗？我以为这条路中，大概可以看到世人的真面目。’真像鲁迅经历的那样，家庭一败就完了，找谁谁都不管，真是可怕的啊！这种体验是平时不可能得到的，这种人生的体验对我来说是太深刻了。”

曹禺先生幼年丧母，青年丧父，还有什么样的沉重不能扛起来呢？他过早地体会到世态炎凉、人情冷暖，这使得他性格敏感忧郁，从小就开始思考人生、洞察人生百相。他想得很多很多。如果说，他在南开新剧团演戏是在体验戏剧里的人生，而这次父亲去世，就是在体验人生的戏剧了。不过，生活的教育比书本教育来得更深刻，更容易让人从头到脚地感受到寒意。父亲的死，使曹禺感到格外悲凉。生母去世早，大姐也在他十四五岁的时候死了，如今加上父亲也走了，他的生命中还有多少亲人可以陪伴他？

人生其实就是由悲凉组成的，而我们要做的，就是把这些悲凉转化成生命中的彩虹，让它点缀在人生的苍穹中，让生命五彩斑斓，丰富多彩。

不需要追问，活着的意义早已在曹禺先生的心底品咂过千万遍了。如果一定要赋予生命以某种意义的话，那么唯一可算作意义的，恐怕就是活着本身了，正如季羡林先生那样，慢慢走，一直走到百岁高龄，走到生命大限自然来临的时候。父亲死了，他在一夜之间突然长大成人了。没有父母的庇护了，他更清醒地意识到，未来需要自己去打拼，人生需要自己去思索。十八九岁的他，从此开始摸索他的人生道路，虽然东撞西撞，但他毕竟是在思索着。他把他的苦闷，他的遭际，他的写诗，他的演戏都和那个时代捆绑在一起。尽管他的思想零零碎碎，不着边际，但却都朝着一个方向，就是同那个光怪陆离的社会逆向而行。他后来的戏剧作品，无不透着深沉的悲哀，透着对那个时代的愤懑和不满。

曹禺生命中有三个女人，他最爱的应该是方瑞。和清华园中郑秀的激情热恋不同，曹禺和方瑞的爱情充满着秋日般的宁静、安详与成熟。曹禺走出和郑秀的情感“郁闷期”，走进生命的“沉静”状态。他和方瑞一起在月光下散步，在郊外谈心。方瑞的爱是无声的春雨，滋润他的心房，像一缕春风，抚摸他那颗饱受苦难的心。

可是，这么美好的婚姻，这样美好的人儿还是过早地离开了曹禺先生。只剩下他一个人，踽踽独行在冷漠而冰凉的尘世。

“红袖添香夜读书”是中国传统文人心驰神往的佳境。方瑞活着的时候，曹禺先生是幸福的。他在方瑞的陪伴下，调动生活中全部经验和激情进行《北京人》的创作。曹禺在创作《北京人》时，他的脑海中浮现的是方瑞的身影，他将对方瑞的爱融入《北京人》的剧作中。《北京人》出版扉页上有“海内存知己，天涯若比邻”的题记。我想，这是曹禺题给自己和方瑞的吧?

就是在江安，曹禺改编巴金的小说《家》时，他也是将方瑞的身影融入其中了。

《家》中的主人公瑞珏沉静、温厚，脸上宛若明净的秋水。其实，这哪里是瑞珏，这分明是曹禺心中可人儿的化身。

巴金很理解曹禺，他曾经这样评价曹禺改编的《家》："整整一个夏天，他写出了他所有的爱和痛苦。那些充满激情的优美的台词，是从他心底深处流淌出来的，那里面有他的爱，有他的恨，有他的眼泪，有他的灵魂的呼号。他为自己的真实感情奋斗。"

但人生实在是太悲凉了！曹禺先生没有想到死亡那么早就把爱人从他身边夺走了。他只能用细腻的情感去体察，用他特有的记忆将自身的不幸和整个时代联系起来，在戏剧的沉思中获得片刻的沉静。所以在创作时，他往往在悲怆中含有温情，在燥热中融入冷静。

创作《北京人》时，曹禺也是想着方瑞来写愫方的，他把对方瑞的感情和思恋都写进了愫方的形象里。很多年以后，谈及愫方形象的塑造，曹禺还饱含深情地说："愫方是《北京人》里的主要人物。我是用了全部的力量，也可以说是用我的心灵塑造成的。"

可以这么说，方瑞是他人生的伴侣，也是他心灵的伴侣。

"文革"期间，曹禺被打成"反动学术权威"，他们的孩子又小，又有一个年老体弱的老母亲。方瑞苦苦支撑着这个家，默默地把爱献给孩子，献给曹禺。她的内心当然是痛苦的，但外表上她很镇静，每天靠吃安眠药过日子。

1974 年的一天，方瑞因服食过量的安眠药去世，死时床边堆积着很多大小不等的药片。曹禺面容憔悴，惶惶不安，站在旁边走来走去，口中不停地说："共同生活了几十年，就这样走了……"方瑞的一生凄凉而默默无闻。她把所有的爱都给了曹禺，给了两个女儿。在"四人帮"横行时，她去探视他，给他以力量和勇气。但她在身体和精神的双重摧残中，终于过早地离开了他们——她所眷恋的一切。

现在，亲人们一个接一个离开他，最先是母亲，然后是父亲，姐姐，方瑞。是不是生命非得将所有的苦痛都加在他一个人身上才能磨炼他的意志？是不是非得经历生离死别之后他才能更明白人生？曹禺先生默然无语。谁能给他答案？只有徐徐清风，带着他的悲伤吹向远方。

二十八、女子，是水做的骨肉

用水来形容女子再恰当不过了。

《红楼梦》里贾宝玉说："女儿是水做的骨肉，男人是泥做的骨肉。我见了女儿，便觉清爽；见了男子，便觉得浊臭逼人。"贾宝玉自己的房间，在别人看来也像是哪个女孩儿的闺房。女儿是水做的骨肉，一颦一笑，一举手一投足都水灵灵的。

贾宝玉是一个十足的女性崇拜者，他把自己的房间布置得和闺房一样。刘姥姥当初进大观园，喝醉了酒，歪倒在宝玉床上睡着了，醒来问袭人："这是哪房姑娘的厢房？"哎哟，宝玉可能比一个普通村姑更有女孩儿气息。

这样子，曹雪芹的女性崇拜感情也就表现出来了吧！女人真是水做的骨肉，我也这么认为。世界因为多了女人而丰富多彩，绚烂无比。世界也因为有了女人，一切事物仿佛都更加细腻而多情。

但莎翁曾说：女人啊！你的名字叫脆弱！

这话也是带有个人的感情色彩的。女人脆弱者有之，坚强者亦有之。就是在莎翁自己的笔下，也不缺少坚强的女性啊！曹禺先生若是听到这话，若是有机会，可能要当面责问莎翁了。因为在曹禺先生的作品中，脆弱的女性是很少的。

不论是紧张热烈喷薄而出的《雷雨》，还是展现狂野原生态的《原野》，还是拨开云雾见青天的《日出》，抑或是诗情画意、抑郁悲凉的《北京人》，这些剧本中的女性形象都是坚强的。就说侍萍吧！她的内心始终藏着与命运的抗争，她在泥潭里挣扎，也不失生命的尊严。

曹禺先生为女性代言，不需要高呼什么口号。他对女性怀有深切的爱恋和崇拜。所以他的笔下，所有女性都闪着人性的光芒。纵然曹禺先生给人的感觉是严肃的，他的内心也还是装着热烈的浪漫。在他眼中，凡美好的，不论贵贱，不论出身，都是多姿多彩的。你看他塑造的那么多可歌可泣感人至深的女性形象，就能明显感受到他对女性的崇拜和赞美。

曹禺先生大约在十五岁时就加入南开新剧团，也演过很多戏。当时男女不能同台，一台戏要么都是女孩子来演，要么都是男同学来演。当时他就多半扮演女性角色。他演的第一个女性角色就是易卜生写的《国民公敌》里的角色，后来又演过名剧《娜拉》。在演习过程中，曹禺先生体会到女性的心理，更能理解女性。

说到这里，我想起“文化大革命”时期，曹禺先生所受到的迫害。那是黑白颠倒的时代，正直的文人生活得不如猪狗。时代的错误不是一声叹息就可结束。“文革”期间，曹禺先生的妻子方瑞用衰弱的身体默默地支撑着曹禺先生，把所有的痛苦都埋在心底，鼓励他度过最艰难最凶险的日子。后来方瑞因为吞服了大量的安眠药去世。究竟是有意识地吞下，还是无意间的错误，都不重要了。重要的是，在曹禺先生的三个妻子中，他对方瑞的感情可能是最为深厚的了。方瑞把青春、爱情和心血全部献给了他，他要把方瑞的形象写进他的作品中，成为永恒。方瑞就是“把好的送给别人，把坏的留给自己”。

女性的伟大往往就在默默无言中。男人的世界是叱咤风云的，女人的世界却是外柔内刚的。难怪曹禺先生要把女性写得那么完美，因为他对女性有深深的感恩。万方说，“他一生都对女性怀着一种极深的充满伤痛的爱，这种感情在他后来的剧作中表现得那样充分、深刻而博大”。可以这么说，曹禺先生生命中的几个女人是他戏剧作品的源头。那些善良朴素、坚强的女性都能从他的生活中找到原型。每次读曹禺先生的作品，我都能从中感受到他对女性的尊重，用一句话来概括，就是歌德的名句“永恒之女性”。先生的剧作，就是对女性的深深的赞美。

那样的日子刻骨铭心。曹禺先生在“文革”时期得到方瑞默默的支持，而他在“文革”时期也鼓励过一个年轻的女性，可以说他拯救了那个女子。

那时候，有一个比较有名气的女演员，她曾是他在江安剧专时的学生。她的丈夫在山西劳动改造，她自己带着孩子，不知什么时候才能见到黎明的曙光。在阴暗的日子里，她觉得生不如死。她准备一死了之。后来曹禺先生知道了，就写了一封信劝慰她说："雄心不取决于年岁，正如同青春不限于黑夜，也不忍随着白发而消失。"这位女演员在这封信中找到了重新生活的力量，她拿起手中的笔寻找理想。得知她终于鼓起生活的勇气，曹禺先生后来还说："我真是很快活啊！"

曹禺先生一方面在现实生活中用他的实际行动拯救别人，一方面又用自己的作品给人类以救赎。

从对母亲的依恋到继母对他的培养，从郑秀到方瑞到李玉茹，他与每一个女性之间的恩爱情仇最终都在他的作品中得到体现。

爱情是短暂的，肌肤之亲是短暂的，而作品是永恒的，他的血脉的延续也是永恒的。在这生生不息的延续中，我们从他女儿万方的文字中看到了这个老人孤独的一生。

二十九、大师是这样培养出来的

中国人喜欢说“万般皆下品，唯有读书高”，又说“书中自有颜如玉，书中自有黄金屋”。由此可想到，读书实在是我们获得智慧的有效途径。

现实生活中我们往往有这样的体会：有的人衣着光鲜，仪表堂堂，看起来颇有“风度”，可是与之交流不消片刻，就能感受到他知识匮乏、俗不可耐。相反，有的人相貌平平却博学儒雅，他身上透露出的气质让人崇敬。与之交谈，有“听君一席话，胜读十年书”之感。可见，一个人的高雅或者庸俗，和外表没有关系。读书能让人的言谈举止更有风度，让人看上去有道德修养。所以说，书是一味中药，可以医治人们的愚蠢，又可以是人的补药，还可以给人以精神营养，丰富人生。

曹禺先生是用功的，这一点毋庸置疑。我们解读曹禺先生可能会问：大师是怎样炼出来的？为什么在短短的十年艺术生涯中，他能写出那么多伟大的作品？每个人或许都有疑问，在追寻，在向往。我也常常疑惑，自己的昼夜是否比大师的昼夜要来得急，去得快，要变换得更迅速。否则，怎么总是觉得时间不够用呢？或者，我天生就是痴人，脑海中不能存储那么多知识，不能在用时信手拈来，“书到用时方恨少”。

大凡有成就之人读书，可不是带着“红袖添香”的情趣。曹禺先生在《我的生活和创作道路——同田本相的谈话》中说：“还记得在我八九岁的时候，我父亲非逼着我作诗。我哪里会写诗呢？想了好久，憋出两句诗来：‘大雪纷纷下，穷人无所归。’这叫什么诗呢？可是我父亲却夸奖说：‘不错，很有些见解。’”看来，孩子需要鼓励，这一点是非常重要的。曹禺先生在才华方面，最先表现出来的就是诗人的气质。这种气质看来也是与他父亲的鼓励分不开的。一个好的保姆，也可以是一个人一生的启蒙老师。曹禺先生生活在一个沉闷的家庭中，但却遇到疼爱他的段妈。段妈给他讲农村的情况，讲人世间的苦难和邪恶，这对于曹禺先生的影响是深远的，让他小小的心灵中从此埋下善良的种子。正如鲁迅的童年时期有一个长妈妈，是长妈妈为他买来的《山海经》点燃了他爱好文学的火种，引导他以后走上文学道路。

所以，一定要珍惜你所拥有的，包括那些最卑微的。因为它们可能是你生命中最为宝贵的东西，会在潜移默化中影响你的人生观，进而影响你以后的生活。

曹禺先生读孔孟之道的书，也看小说，中国古典名著他几乎都看了一遍，而且早期的西方小说，他也读过一些。可见，博览群书是至关重要的。我记得曾有位老作家说，读书才能让自己站得高，望得远，看得透，撇得开，才能明辨是非，超然物外而又洞察人世。此言甚是。

因为博览群书，曹禺先生是智慧的。他读古典文学作品，现代文学，外国文学……人类的求知欲望在曹禺先生身上体现得特别明显。“朝闻道，夕死可矣”，既然这样，哪怕到了晚年再去读书，也是值得的。一个人若是既有智慧又勤奋，哪有不成功之理？倘若中国人都能像曹禺先生那样，中国岂不是要多了很多大师吗？每读先生的戏剧作品，总忍不住掩卷感叹。

从一个角度来说，读书就是旅行，书籍能带领我们到世界的各个角落，即便足不出户，也能眼观大千世界。身居陋室，神驰千载。书籍使曹禺先生拥有了一个广阔的世界，他就算待在黑暗的家里，也觉得有无限光明。

大师是怎样培养起来的？读书是最重要的通道之一。而且，一个成功的艺术家或者作家，他的修养也应是多方面的，需要年复一年的积累。

曹禺先生不仅阅读各类书籍，关键一点是，他从小受到继母的影响，常常跟在继母后面去看戏。他不仅看戏剧舞台演出，也看戏剧剧本，一折一折的京戏，他读起来也觉得津津有味。不会看的看热闹，会看的看门道。他看戏，不仅看剧情，还看演员和观众之间的互动，观众和演员的交流。那种热烈的场面，也极大地感染着曹禺先生。

所以曹禺先生说：“一个人的艺术修养要广，除了读书，对各种艺术的鉴赏能力要多方培养，要从许多方面吸取营养。兴趣偏狭是不利于艺术创造的。”这就给我们青年人指明了方向。我们需要打开心扉，多多接纳一些艺术形式，不要把自己束缚在某一个领域中。

以我作为教育工作者的经验来说，恰是印证了曹禺先生的话。教育部提倡素质教育，所谓素质教育，就是让孩子在德智体美劳各方面全面发展，而不是以分数作为衡量学生发展的唯一标准。这其实就是要求孩子从各个方面去接受知识，不仅仅是书本上的，更有来自社会这个大课堂的。不仅仅是文化知识，还有科学、艺术领域等都要涉足，这和曹禺先生关于读书的说法是很相似的。

读书要的是一种心境，不是环境。与书籍结下永世之缘，我们才能蓄积更多丰富的营养。无论怎么说，把书读到像民国大师们那样，才是达到读书的最高境界。

我说，读书要的是心境，而非环境。不要抱怨自己读书的环境不好。拿钱钟书先生为例。实在说，钱钟书先生当年所处的时代不是“钟书”时代，适逢战乱，但他仍然博古通今，兼采并蓄，极其刻苦，打造出了属于自己的澄明之境，令后人不得不仰视。他又是怎么做到静心读书的？大师又是怎样培养的？钱钟书先生一生素志，淡泊名利。当别人汲汲于名利而无暇潜心做学问时，他正好读书。就是在“文革”时期，在一切公职都停了以后，他也不烦恼，借此机会正好读书。我读杨绛先生的《我们仨》，为钱钟书读书的精神深深感动。在20世纪80年代，钱钟书因为位居高职，少了很多读书时间。但他始终持着自己的素志，坦然面对现实，不让尘埃蒙住自己的眼睛，一直到老，钱钟书先生仍能让灵魂保持澄澈，永远与书籍不离不弃。

曹禺先生也遭逢“文革”时代。在那样污浊的环境里，曹禺先生也依然保持着赤子之心，以读书抵抗清苦的生活。正所谓“朴素而天下莫能与之争美”。保持一颗清贫恬淡之心，对于读书人来说尤为重要。

关于颜回的故事，我小时候印象就很深，孔夫子对弟子颜回是很称赞的：“贤哉回也！一箪食，一瓢饮，在陋巷，人不堪其忧，回也不改其乐，贤哉回也！”虽然很穷困，但不改其志，不改其乐（对颜回究竟应如何评价，是另一回事）。当然，我并不是从哲学意义上理解孔夫子这些话的，只不过是那时读书所获得的印象。

我想，曹禺先生说出这段话时，他的内心已经不知不觉地将尘世的繁华过滤了一遍又一遍。他之所以能在后来创作出那么多优秀的作品，实在是与他内心坦然面对一切浮华有很大关系的。书读得多，读得广，以读书为乐，这是人生一大幸事。若一心扑在名利上，则又如何能将书读透彻？所以，读书人，就要像曹禺先生一样，拥有痴心与傲骨，拒绝一切干扰，只有这样，读书方能有所成就，痴心才不会落空。

然后，将读来的东西化为实践，像曹禺先生写《雷雨》那样，像农民耕种一样，一锄头一锄头去挖掘，开垦出属于自己的田地。作为一个读书人，他的内心永远都是忙碌的。在生命的刻度上，他需要一点一点、一条线一条线来精细雕刻，看看有多少田地还未开垦，有多少书籍还未读完，有多少文字还等着呈现……心无旁骛，专注于文字，大师就是这样炼成的。

三十、活着，快乐吧！

哲学家伊壁鸠鲁说：“活着，快乐就好。”什么样的人生才是快乐的人生？我们在追问，在寻找。奋斗的一生还是及时行乐的一生？每个人的人生观不同，他们对生活的态度也不同。

哲学家把快乐人生看成是肉体上没有痛苦，灵魂上没有纷扰，认为快乐是个人生活的极点，是至善。哲学家说，快乐是幸福的起点和终点。其实很多时候，我觉得快乐还不如痛苦来得深刻，来得有滋有味。

如果这么说，红尘中能有几人获得快乐呢？那些敏感而极具才华的民国大师们又有几人能称得上快乐呢？

又有哲学家说，与其做快乐的猪，不如做痛苦的思考者。这种理论听起来似乎也很有道理。伊壁鸠鲁说：“如果那些能使放荡的人快乐的事物确实能解除心灵对天象、死亡和痛苦的恐惧……那么我们不要挑剔这些人，他们周身充满了快乐，免除了身体和心灵的一切痛苦，即是说免除了恶。”痛苦是恶的，如果能驱散痛苦，不管用什么方式都可以，而能够驱散痛苦，最终就是善。

鲁迅先生从黑暗中走到我们跟前，带着深深的忧郁和冷意。他的一生被痛苦包围着，被孤独吞噬着。他的生命中走过三位女性——朱安、许广平和萧红。但三位女性都不能给他快乐的生活。朱安是母亲送给他的礼物，许广平不能读懂他内心深处的孤独，而萧红和鲁迅先生注定只能擦肩而过，互相在遥远的地方彼此惦记，彼此思念。

人的一生如此短暂，爱情让人魂牵梦绕，魂不守舍。因为爱情，人间才多了一份美丽和痛苦。即便痛苦，来得也是那么让人动容，那么有滋有味。

活着，快乐吧！探讨生死的哲学最想告诉我们的其实不是死亡究竟是什么，而是死亡对于活着的人有什么启迪意义。能够咀嚼痛苦的人，绝不会觉得痛苦是不可忍受的，反而常常能在痛苦中和自己的灵魂平静地对话。

在民国大师身上，孤独和痛苦仿佛与生俱来。其实每个时代有每个时代的痛苦，不过现代人有很多排遣孤独的方法。曹禺先生的孤独与痛苦伴随了他一生，而且直到临终的时候他都无法释怀。他没有找到释放痛苦的方法，只能把痛苦放在心里，任其在他敏感的灵魂的滋养下，越来越沉重，融进他的每一条血管里。

万方说，曹禺是一个天生的悲观主义者。

他十几岁的时候，我爷爷在宣化做镇守使。城墙上都是荒草，听到号声，他觉得特别凄凉，就会流眼泪。他对人生的悲哀、悲凉非常有感受，他天生是一个真诚、痛苦又脆弱的人。

他是一个艺术家，他的生命是一种半感官半理智的形态，始终被美好和自由的情感所吸引，当美好的东西被彻底打碎，所有的道路都被堵死，他觉得自己没有任何力量时，绝望和恐惧就把他压垮。

曹禺先生是一个理想主义者，他对待人生一丝不苟，并用一种有所作为的眼光看待一切。他在晚年写不出东西来时，甚至大喊："我痛苦，我太不快乐了，我老觉得我现在被包围着，做人真难哪！我要坦白出来，我要说心里话，说世界上任何人都不敢说的话。"他就这样被文字折磨着，痛苦着，在难以达到目标的苦痛中郁郁而终。我们常常为自己开脱，但凡做不了的事，总喜欢用阿 Q 的精神胜利法来安慰自己。因此，我们获得了很多快乐。我们以为一切美与幸福的源泉是淡泊名利，安贫乐道，然后在平静的生活中欣赏秋日寒蝉，梧桐落叶，雨打芭蕉。在碌碌无为的状态中，我们感到心满意足。实际上，这样的人生又如何快乐得起来？

那么曹禺先生究竟有没有快乐？答案是肯定的。比如说他晚年和外孙苏蓬在一起做游戏、一起乘凉的时候就是快乐的。78 岁的曹禺和他 9 岁的外孙想了个乘凉的招儿：把浴缸放满凉水，然后猛地坐进去。那一刻，祖孙二人回到原始社会一般，光着屁股拉着手。窗口挤进来的一缕风，慢慢地把他们身上的水珠一点点吹干。那个时候他一定是快乐的，有一种享受天伦之乐的安宁与满足。他和苏蓬在一起的那个夏天是静谧的，是他晚年不可多得的快乐时光。对于晚年担任多种职务的他来说，实在是难得。

其实，我觉得曹禺先生是一个不善于发现快乐的人，和民国大师林语堂是有天壤之别的。林语堂先生有一次模仿明末清初的大才子金圣叹的不亦快哉三十三则，写了《来台后二十四快事》，在生活的点点滴滴中发现快乐。这里不再赘言。

曹禺先生作为一个天生的悲观主义者，有细腻的情怀，虽说不会看落花流泪，看流水哭泣，但也会见到城中的荒草，听到凄厉的号角就满心萧然，感极而悲。

鲁迅和曹禺都不能如林语堂和金圣叹那般潇洒，将快乐发挥到极致。

活着，快乐吧！不用骄淫奢侈的方式放纵自己，也不作茧自缚，像苦行僧一样束缚自己。不过分苛求生活的质量，也不碌碌无为，追求尽可能快乐的生活，足矣。

三十一、不久长，不久长

曹禺先生是喝海河水长大的，他是从天津走出来的戏剧大师，同时也是一位诗人。他在12岁时就进入南开中学，第一次展示自身才华的不是戏剧而是作诗。曹禺先生深受继母的影响，古典文学积淀比较深厚，刚开始创作的诗歌也以旧体诗为主。后来他接触了西洋文学和戏剧后，才慢慢写了一些现代诗。下面节选的诗《不久长，不久长》发表于《南开双周》学刊上。令人吃惊的是，当时他的年纪还很轻，竟然却写出了这么悲观甚至绝望的诗来。我想，每一个敏感的人内心都是孤独的，而且这种孤独根深蒂固，很难消除。

不久长，不久长，乌黑的深夜隐伏，黑矮的精灵儿恍恍，他忽而追逐在我身后：忽而啾啾在我身旁。

啊，爹爹，不久我将冷硬硬地睡在衰草里哟，我的灵儿永在深林间和你歌唱。

不久长，不久长，莫再弹我幽咽的琴弦，莫再空掷我将尽的晨光。

从此我将踏着黄湿的草径蹀躞，我要寻一室深邃暗涧做我的墓房。

啊，我的心房是这样抽痛哟，我的来日不久长！

……

啊，此刻我的脑是这样沉重哟，我的来日不久长！

……

啊，爹爹，不久我将冷硬硬地睡在衰草里哟，我的灵儿永在深林间和你歌唱！

——《不久长，不久长》

只节选这么一小节，从中却能看出诗人的消极和悲观情绪。他觉得生命是转瞬即逝的，他为自己寻找一个幽暗的山涧作为自己的坟墓，让灵魂永远沉睡在衰草中。曹禺先生写下这首诗的时候还很年轻，可他却发出了“不久长”的喟叹！

在这首诗中，诗人发出的呼唤是深沉的。生命如东流水，“逝者如斯夫”。时间这么“哗哗”地不停息地流动，能有什么是长久的呢？这是哲学家常常感叹的话题，也是现代人常常感叹的话题，因而具有恒久性。那个时候的曹禺先生还很年轻，他带着一种时代的感伤，有对自身的反思，也有对时代的寻问，更有对自由的渴望。生命本不久长，何苦要有种种羁绊。

在这样的一种反思中，他用死亡来反观生命，反而领悟到了生命的真谛。一切都不久长，看起来多么消极啊！实际上他却是积极地、热情地活着，表现出一种对生命的热爱。因为不久长，才更需要忘我地投入，才更需要珍惜时间。写出这样的诗句，不代表他整个人就是沉沦的。因为不久长，生命显得何其珍贵，又因为时日有限，生命又那么值得珍惜。既然大自然垂青于我们，让我们成为自己生命的主宰，那就不能辜负这份厚爱。虽然有时候我们觉得生命是压抑的，痛苦的，但更多时候它却是飞扬的，动感的。我们总不能因为生命短暂就坐以待毙，消极等待死亡的到来吧！于是他念佛家经典，读西方圣经，在教堂中接受洗礼，听安静的教堂音乐……这一切莫不是把生命的体验落实到实实在在的生活中去的。

他的这首诗富有浓郁的音乐情感和音乐节奏。其实曹禺先生是喜欢交响乐的，喜欢音乐的自由奔放，高昂飞扬。无论是激越的，抑或是舒缓的，在他听来都是自由的。所以与其说他喜欢音乐，毋宁说他喜欢自由。

我确信曹禺先生是一个富有真性情的人，知道人生不过是瞬间即逝，人们哭着来到尘世，再平静离开。一切都出自尘土，最终将归于尘土。人生不过是一出悲剧。年轻时候的曹禺先生正以自己悲悯的情怀观察这个世界，他以一个诗人的口发出这样的声音，令人潸然泪下。他的一些诗歌涉及死亡和衰老的话题，这让人有点意外，尤其在当时他那个年龄。以我来看，曹禺先生诗歌中对死亡的书写，是超出经验想象的。所以，他写冰冷僵硬的身体，写沉重的脑袋，写墓房都是神秘的。事实上，人死后灵魂究竟隐藏在什么地方，永远是个谜。

但正是因为对死亡有更深的思考，曹禺先生才能从孤独中展望人生前景。他认为对死亡的最大破译就是热爱生命，让“不久长”的躯体最大限度地发挥出热量来。可以这么说，曹禺先生对死亡的书写恰恰表现出他对生的珍惜。他能看出生与死的区别，从而执着于生命的真实。否则他一定写不出这样的句子：

我们老了，都老了。
残霞照着静静的湖冰。
永远忘不了你啊，
有一天我闭上眼睛。
我们是黑夜的萤火，
星星发亮的正是我们。

不过，民国大师有这类感慨的很多。任何时代有这样感慨的人都很多。我真的搞不懂，有时候我们厌恶生命，有时候却又害怕生命瞬间离我们而去。越是患得患失，越是忐忑不安；越是珍惜，越怕失去。就这样在重重矛盾中行走，在惴惴不安中看时间如沙子从掌心一点点漏掉。

不久长，不久长，真的有很多宝贵的生命像昙花一现，迅速凋零。

徐志摩是中国现代文学史上一颗璀璨的明珠，他似流星一样，一闪即逝。1931 年 11 月 19 日早八时，徐志摩搭乘中国航空公司“济南号”邮政飞机由南京北上去往北平，参加林徽因的一个关于中国建筑艺术的演讲会，因为飞机失事而遇难。他只活了 35 岁，却在文学领域中成为永恒。才子早逝，令所有人悲痛惋惜。

北大校长蔡元培先生为其写挽联：谈话是诗，举动是诗，毕生行径都是诗，诗的意味渗透了，随遇自有乐土……

徐志摩的坟墓在浙江海宁，在墓前台阶两旁，雕刻着两本翻开着的石书。左侧石书上刻着徐志摩《偶然》一诗中的句子：“我是天空里的一片云，偶尔投影在你的波心 ，你不必讶异，更无须欢喜 ，在转瞬间消灭了踪影。”右侧石书上则是《再别康桥》里的句子：“轻轻的我走了，正如我轻轻的来，我轻轻的招手，作别西天的云彩 。”

石书嵌在大地上，旁边的缝隙中生出点点杂草，或覆盖一层厚厚的叶子，更显凄清。想来名噪一时的大才子，在他创作最顶峰时刻生命之花翩然凋零，生命戛然而止，这不正是应验了曹禺先生的“不久长，不久长”吗？

我不知道徐志摩当初写这两首诗的时候，有没有想到“不久长”，但他的这两首诗好像是为他的一生做了最好的诠释，他的离世也对曹禺先生的“不久长”做了最好的诠释。

希腊哲学家伊壁鸠鲁在谈论死亡时曾这样说：

一切恶中最可怕的——死亡——对于我们是无足轻重的，因为当我们存在时，死亡对于我们还没有来，而当死亡时，我们已经不存在了。因此，死对于生者和死者都不相干。因为对于生者说，死是不存在的，而死者本身根本就不存在了。

这是哲学家的理论，它常常使我们陷入哲学的思考中，觉得自身渺小而苍茫。但我更喜欢文学家眼中的死亡。像曹禺先生说“不久长，不久长”，孔子说“未知生，焉知死”，鲁迅先生说“死，是世界上最出色的拳师，死亡是现代社会最动人的悲剧”，海明威说“死自有一种美，一种安静，一种不会使我惧怕的变形”。

萧红用三十一年的年轻生命为我们解释了死亡，那是刚刚知晓人生以后的惊鸿一瞥，是昙花一现。她把呼兰河留在了人世间，带着她的黄金时代远去了。

世上的一切存在都是不久长的，尤其是生命。到底什么才是久长的？有没有人进行更深入的思考？我想，人的生命包含两种东西，一种是精神，一种是躯体。躯体是不久长的，因此要在有限的物质世界中抓紧时间，勤勤恳恳，不辜负躯体的存在。另一种则是精神。它因躯体而存在，甚至会在躯体灭亡后继续存在。百年，千年，万年……为了能在人间留下永恒，延长我们的生命，我们或者用文字，或者用音乐、绘画、舞蹈……总之，会用各种艺术形式让精神闪光。曹禺先生在“不久长”的生命背后，为我们留下的是那些永恒文字和那些闪亮的台词。

三十二、过去的生命

这个标题是周作人一首诗的题目，我且拿来作为我这个章节的题目。周作人在病院中曾这样写道：

这过去的我的三个月的生命，哪里去了？
没有了，永远地走过去了！
我亲自听见他沉沉地缓缓地一步一步地，
在我的床头走过去了。
我坐起来，拿了一支笔，在纸上乱点，
想将他按在纸上，留下一些痕迹，——
但是一行也不能写，
一行也不能写。
我仍是睡在床上，

亲自听见他沉沉地缓缓地，一步一步地，

在我床头走过去了。

周作人的这首小诗捕捉一闪而逝的情绪、心境，可以看作他心灵的独语或与自我的对话。读之，感觉出他当时的心境是悲哀的，给我们留下的是一个站在时间边缘的人茫然四顾时的孤独身影。他眼睁睁看着时间悄无声息地流逝，却抓不住，奈何不得。感觉是没有希望了吧！人生道路的尽头终归是两个字：死亡，可在到达死亡之前，还是挣扎着，想有一番作为。但时间还是缓步走过去了。

时间对一个人来说何其宝贵，而对一个病人来说，又多么无可把握。周作人曾自编了一本诗集，收录了几十首诗作，这些诗作大多体现出苍凉悲哀的情感。这是多么孤独的诗集！他以一个观察者的身份，像一个画家一样描摹他的生活。也许他眼中所见之景是平常的，可是在他的笔下却别具一番意味。

好生恶死人之常情也。又因为不认识生死之究竟，所以平常之人多又终生迷茫。生，不知从何而来，死，亦不知从何而去。生前忙忙碌碌，疲惫不堪；死后又觉得沉沦苦海，不得心安。所以生亦忧患，死亦忧患。活着的时候既为活着本身忐忑，又为即将到来的死亡惴惴，真是太累了！在我看来，生连着死，死连着生。生死不过是灵魂与肉体的转换而已。

陶渊明曾在《拟挽歌辞》中云：向来相送人，各自还其家。亲戚或余悲，他人亦已歌。死亡好像很闲适，很平常。与其痛苦着，毋宁优哉游哉地去面对。但此等境界几人有之呢！我们都是凡人，既为凡人，便有烦恼之事；既有烦恼之事，便常常觉得难以处理。闲来时候，将理想寄托在文字里，所以我们的文章中总有点点滴滴的焦躁和不安流露出来。不单我们是，连曹禺先生不也常常有这样的忧戚吗？

1988 年，曹禺因肾衰竭住进了医院，写不出作品的痛苦比疾病更残酷地折磨着他。曹禺的好友巴金曾经说过："家宝的肚子里是有宝贝的。"住院 8 年，曹禺曾构思过多个剧本，但都只是刚写个开头，就停在了开头。我想，正是因为他有太多的感情需要表达出来，而身体状态又不允许，所以晚年的曹禺先生才一直处于焦躁不安中。越焦躁不安，越难以理顺，难以表达。又因为难以理顺故愈发焦躁不安，这样就形成恶性循环了。我手不能写我心，我笔不能表我情，这种惶惶然是每个写作者常常遇到的状态。

曹禺先生也说过，人这辈子吧，就感觉很复杂。人经过了风风雨雨，坎坎坷坷，从好到坏，从坏到好。尤其现在病了，老了，许多事情都被忘得精精光光。好的、坏的事情，记忆力都没有了。

文字是我们的记忆力，是我们一生的再现。写不出来，这辈子岂不是不留痕迹悄然而逝了吗？这和周作人的说法又有异曲同工之妙。我们写文，查看自己的文章，也算是查看自己的人生。回顾流年光景，如牛反刍一样，咂摸出诸多滋味来。给我一生的时间，再给我一生的文字，我岂不是拥有了两个人生？

所以，我非常理解曹禺先生晚年的焦躁。真正走到生活中去，写想写的东西，这是他晚年的最大愿望。可是人生不如意之事十之八九，时间如流水一样，从他病床前缓缓流淌过去，他想抓却抓不住，该是何等恐慌啊！从前的记忆只能在心头堆积着，无法再现，旧时光只能在思想里储存着，不能走出来。每天在医院中看时间如白驹过隙，日历上标注的生命又走过一天。他所能观察到的只是病情的变化，人生的风景几乎静止不动了……这种状况带来的悲凉，曹禺先生应该感触最深，他像经历梦魇一样艰难惆怅又惶恐不安。

写一些文字，倾诉内心的苦乐，等到生命大限最终来临时，能够从从容容走向死亡，能像秋叶般静美，也算是对得起人生这一趟了。可是在曹禺先生看来，能做到这一点多么难啊！明知死亡是一种状态，是一个起点，也是一个终点，就是心有不甘。舞台上没有写完的故事，阳光下还在成长的情愫，风雪中依然滋生的渴念都让他不能安宁，让他心怀忧戚，抱恨终身。

年轻时候的曹禺先生才华横溢，但晚年的他却著作寥寥，这之间的对比过于鲜明，实在让他不能接受。作为一个平常人，文字于他可有可无，人生是在开始精彩还是结束时精彩也无所谓。而对于像曹禺先生这样的艺术天才，经过短短十年辉煌的艺术生涯之后就熄灭了创作的火焰，不用说曹禺先生自己，就连我们这些读者都觉得有些不能接受。这种痛苦放在任何人身上都不会是说放得下就放得下的。

我深深同情曹禺先生。我以为，大凡人到老年，该是少了焦躁，更多了一份从容宁静与平和。留下遗憾离去，总是令人不能释怀的。这种遗憾直到他生命最后一息，想来个中辛酸是令人断肠泪下的。

曹禺先生应该如鸟儿那般，一直展翅飞翔在舞台、剧本的天地之间，应该展现出他所有的才华和能力，将一生抱负施展开来。但“文革”的迫害、晚年的仕途生活都压制了他的才华，限制了他振翅。辽阔的世界越来越狭窄，他的翅膀好像被捆束，失去了自由，失去了空间。他的才华没有用武之地，因此他郁郁寡欢。晚年的曹禺先生在生活方面是安逸的，那又怎样？不还是如同嚼蜡般过得无滋无味吗？在他看来，那样安逸的生活如同行尸走肉，毫无生活的乐趣。晚年的曹禺先生在温室中，失去飞翔的能力。原本的创作才华也在各种人事中消失，这对于一个作家来说，是多么不能容忍的事啊！

假若，用缩短十年生命的时间换取一半的艺术生涯，他一定也是愿意的。遗憾的是，直到生命最后一刻，曹禺先生依然没能冲破心灵的藩篱，没能自由行走在艺术之途。这是他人生最大的悲哀。

有人说，一个以写悲剧著称的剧作家自身的悲剧比他笔下的悲剧更令人惋惜。1996 年 12 月 13 日凌晨，86 岁的曹禺在睡梦中离开了尘世，带着他未完成的剧本和满心的遗憾离开了我们。

生命中，似乎总有一种无法言说的忧伤和沉重。曹禺先生一生都在思索灵魂的归宿。从童年、少年到晚年，他一直在思索着生命的意义。人的一生究竟应该怎样度过，从哪儿来的，到哪儿去？他一直想用舞台艺术表现他的灵魂，但他终究还是留下了许多遗憾。遗憾从某种意义上来说，也是一种伤痛。这种痛苦只是属于他自己。艺术生命与肉体生命，到底孰重孰轻？个中滋味欲说还休。不管以何种形式结束，总是会带着这样或那样的残缺，总是难以圆满。太多渴望，太多苦难，太多挣扎都只因为内心的梦想。梦想没有实现，心灵就不会葳蕤，死亡就不会坦然，遗憾就会永生相伴。

我曾经反复琢磨这份遗憾。它就像是精美的瓷器，无意间在手中滑落，然后，那份残缺便永远留在了记忆里。他在焦灼和希望中感受生命沉甸甸的分量。后来曹禺先生身体越来越虚弱，生病住院了，他的体力已经不能胜任他的劳作了，他才一点点放弃了他的痛苦，放弃了那种强烈的写作欲望。这个欲望只能作为残缺的瓷器，放在记忆的某一个角落里。

巴金先生在悼念信中说：

十多年前家宝在给我的一封信中，写了这样的话："我要死在你的前面，让痛苦留给你……"我想，他把痛苦留给了他的朋友，留给了所有爱他的人，带走了他心灵中的宝贝，他真能走得那样安详吗？

走过的生命就这样永远走过去了，只是那么多的遗憾还未来得及实现。他带着不能抒写的遗憾，带着不能成为托尔斯泰的遗憾走了。

三十三、逝者如斯夫

曹禺先生一直说：“一时强弱在于力，千秋胜负在于理。我有一种谬论：战士应该死在战场上，作家应该死在书桌上，演员应该死在舞台上。……引申说，一个真正的人，应该为人民用尽自己的才智、专长和精力，再离开人间。不然，他总会感受到遗憾，浪费了有限的生命。”

《论语·子罕》：“子在川上曰：‘逝者如斯夫！不舍昼夜。’”圣人一言，含有多义。我们也不能仅仅停留在对字面意思的理解上。叹人生春秋几何，权力财富莫不是过眼云烟，都如东流之水，稍纵即逝。

苏东坡曾在《赤壁赋》中说：“寄蜉蝣于天地，渺沧海之一粟。”人生，是历史长河中的一朵小小浪花，是无垠空间里的小小微尘。滚滚长江，向东一去不复回。浩浩荡荡，执着坚持，分秒不辍。人生在世，又何尝不是如此？无论贤愚，无论贫贱，必该有所作为，朝着一个方向，一直走下去。悲观者始终认为人生皆是虚空，到头来不过浮云一片，清风一缕。万事万物最后都是镜中花，水中月。乐观者则是另一番见解。朱熹《论语集注》曰：天地之化，往者过，来者续，无一息之停，乃道体之本然也。

曹禺先生对这句话的理解是乐观的。他一生都在不懈追求，对自己的人生有既定的目标。不管是在写戏还是在演戏上，他一直勤勤恳恳，绝不懈怠。当初和郑秀的婚姻出现裂痕，很大一部分原因也是因为他痴迷文学，在生活上近乎白痴。

人的一生非常短暂，时间匆匆而过，少而又少。文字的空间任多少时间也填不满，纵然曹禺先生珍惜一分一秒，不敢轻易懈怠，也还是觉得有一种无可把握的恐慌。越到老越是恐慌。一件伟大的作品还没有写出来怎么办？时不我待怎么办？除了在有限生命内快马加鞭，别无他法。

一个热爱文字的人，必定是耐得住孤独和寂寞的人，一个珍惜时间的文学大师，更是如此。我记得曹禺在一次自述中曾经这样说过，他说有一年夏天，在江边创作剧本，被江边劳作的人们看到了。当时天气很热，豆大的汗珠从他脸上滑落下来，他的脊背全被汗湿了。他们说，原来写戏也这么辛苦啊！和我们一样的辛苦。这么一句普通的话，被曹禺先生牢牢记住了。写戏不是一种享受，演戏不是一种享受，看戏才是享受。曹禺先生把美带给别人，留给自己的，却是无尽的辛劳。

这就是作家的伟大之处，用尽心血不过是想把美带给别人。别人感到快乐的同时他才收获了快乐。他的快乐是建立在读者、观众快乐基础之上的。时间在文字的缝隙中溜走，汗水在文字中流淌，他的快乐也就在文字间涌现。这是人生价值的体现。曹禺先生用勤奋写作和时间赛跑，他要跑在时间前面，让戏剧生涯对抗时间的流逝，让艺术生命对抗肌体的衰老。

看到许多人在哀叹时间太匆匆。感叹的同时，“醒也无聊，醉也无聊，梦也何曾到谢桥”。明知时间如西风吹过，带走落红无数，挽留不住，还偏偏坐在那里喟叹，徒增烦恼。所谓语言上的巨人、行动上的矮子，大抵说的就是这类人。一提及时间，就“逝者如斯夫……”，惯用的句子，看起来似乎无限沧桑，实则细想不过也就是暗含着碌碌无为的意思罢了。像曹禺先生那样，从不悲叹，做是最切实可行的。努力写作，不辜负良辰美景也不辜负风霜雨雪。任何地方都可作为写作的地方——只要你的心中盛放一处文字的家园。

漫漫长夜，孤灯独坐，曹禺先生一页一页写着。他在清华园的图书馆中写着，在江安昏暗的小房间里写着，在老年病榻上写着。对于一个作家来说，灵感是他的生命，文字是他体现生命价值的途径，时间就是他体现生命价值的保证了。不用将一些道理挂在嘴边，切切实实用行动诠释圣人的经典语录，就是对经典最深刻的感悟。曹禺先生没有豪言壮语，就是默默地写，竭尽全力地写。即便他的艺术生涯非常短暂，他的一生也为我们树立了学习的典范。至少让我觉得，如果控制不了生命的长度，拓宽生命的宽度也总是好的。十年艺术生涯过于短暂，也唯其短暂，像昙花一现，才给了我们更多咀嚼的空间。不过这转瞬即逝的十年，他是怎样一分一秒利用的，我们能想象出来吗？时间在这十年中被无限拉长，仿佛是静止不动的！

逝者如斯夫，不舍昼夜！不管我们怎样留恋尘世，总有离开的一天。小时候读小人书或者看有注释的历史读物，千百年的历史随着纸张的翻动，转眼就被我尽收眼底。那些厚重的历史，在我的指缝间缓缓流淌，竟然从未发觉时间更替之迅速。年少的心是不懂得兴衰成败、悲欢离合的。即使历史的长河浓缩成一册书，全部展现在我眼前，我也感受不到时光匆匆，心中也未曾激起半点涟漪。

人到中年，却蓦然发觉，人生像一列火车，一直马不停蹄地朝前开。沿途中许多美丽的风景、黑暗的隧道，我们都不要错过欣赏。我们生命的轨迹是有限长的，确定好目标，才不至于在艰难的选择面前耽误时间，错过恰当的一班车。这是曹禺先生用实际行动为我们诠释出来的人生意义。于丹老师也总是强调，把握好当下，努力过好每一天。

庄子曾说，吾生也有涯，而知也无涯。人生既有涯，还怎舍得浪费？不能过细分析古人的话，否则就越发悲伤了。粗略懂得一点，然后效仿某个勤奋的人，闭着眼使劲走啊走啊！一刻不停，最后你就成了圣人。等到回首的时候，你用轻描淡写的一句话就可概括一生：“我的一生就是马不停蹄地走过来的，逝者如斯夫，不舍昼夜！”多么美妙！再多的道理在这句话面前都不堪一击，不再深奥。

慢慢走，欣赏啊！这句话是美学大师朱光潜老先生提出来的。

他说：阿尔卑斯山谷中有一条公路，路边景色优美，极具风情。路上插着一个标牌，上面写着：慢慢走，欣赏啊！但许多人熟视无睹地过去了，匆匆的神情无暇顾及路边风景。于是，再美的风景不过是尘世无聊的点缀，再丰富的世界不过是心灵的牢笼。我们在匆匆流逝的时间缝隙里穿梭，就像阿尔卑斯山谷疾驰而过的车辆。明知“逝者如斯夫”也不去珍惜眼前之景，心中之情。白来了一趟啊！

“逝者如斯夫”是从哲学的角度告诫我们珍惜时间，朱光潜老先生则是从美学的角度让我们珍惜生活。慢慢走，欣赏啊！是我们对待生活的一种态度。只有在慢慢中去品味，才能感受到人生的美好，也只有在感受到美好之后才会倍加珍惜时间。

曹禺先生在他 86 岁高龄时，走到人生尽头。我想，在他人生弥留之际，一定会有很多话要留给后人。但是 1996 年，当他经过近十年的住院、经受身体和心灵的双重折磨时，他只写下这样一句话："灵魂的石头就是为人摸，为时间磨而埋下去的。"虽然他是带着未了的心愿离开的，怀抱巨大遗憾，在我看来，他的一生也算是圆满地落下帷幕了。因为缺憾，才更美丽。也因为缺憾，才能让我们明白，人的一生过于短暂又过于辛苦，凡美好事物未必尽得。倘若能取得一件两件宝贝，带着它上路，让它为黑暗中的旅途照亮，也就足够了。那十年艺术生涯，足以抵消一辈子的所有遗憾。

三十四、袒露于世的坚韧和忧伤

在写这篇文章以前，还是先听我讲一个故事吧！

有个年轻人来到一位先哲家里，询问什么是信仰。哲人却连看都没看他一眼，只顾忙着手中活儿。原来哲人在揉面。年轻人站在一边，哲人始终做着自己的活儿，没说一句话。慢慢地，哲人手中的面越来越光滑，越来越劲道，越来越有韧性……年轻人深深鞠了一躬后告辞。

我们在疑惑以后，终于明白了答案。原来信仰就是那团面不停地搓揉之后的韧性。像汉陶，只有不停地被旋转、删减、定型、磨砺、搓揉之后，才能有后来的风骨。经历了一番焙烧、锻造、淬炼，它终于能脱胎换骨，通体圆润。

所以，信仰就是一种历经磨砺后的坚韧。哲学家尼采说，既然人生是一个悲剧，为何不让这份悲剧更精彩一些呢？

曹禺先生的一生是悲剧的一生。可是，曹禺先生是有信仰的人，一生都在不停地追求、奋斗，搓揉自己。庄子说："径路绝而风云通，人力穷而天心见。"这句话的意思是，要达到一定的境界，必穷人力，也就是穷尽人的信仰和韧性。没有信仰，没有韧性，绝不可能达到此境界。读曹禺先生的作品，觉得他一直担负着沉重的使命，想要在精神上超越自己。他一直追求光明，且有持久的热情。他的戏剧作品很好地概括了他的人生，读之，觉得他的人生遭遇全融入其中，和盘托出。在他点点滴滴的文字中，尤其在他给巴金先生的书信中，我见到最多的不是良辰美景，也不是名山大川，而是对生活的感悟、反省，对病痛的抵抗。生活给了他各种磨难，他默默承受，慢慢变得坚韧。他给巴金老人写的信，带有浓郁的抒情意味，总能激起人心头淡淡的忧伤。每一封信都透露出生命的味道，让人愈品愈醇。他那自然淳朴的伤怀之美，宽厚独特的坚韧之美，让平凡的信件有了令人仰视的高度。

解读一个作家，不能不解读他的书信，如果他有书信的话。书信是一个作家对于人生看法的最好的注解，最能体现出他的真性情。那些生活的点滴和体验在一起，为我们呈现出一个人丰富的内心世界。曹禺先生的戏剧是属于中国的，甚至是世界的。而他的书信是私人的。众多的人都在解析他的戏剧，试图从他的戏剧创作中发现永恒之美。在这些剧本创作的背后，在一个人平凡的生活中，他又有多少不为人知的苦痛？

世界上没有什么能代替心中的信仰，代替坚韧。再聪明的人，如果没有毅力，坚韧不过是海市蜃楼，虚无缥缈，不值得一提。如果没有坚韧，曹禺先生不会在清华园内完成他的剧本《雷雨》。那时候他过的是怎样的日子啊！

我像个在比赛前的运动员，那样的兴奋，从清晨钻进图书馆，坐在杂志室一个固定的位置上，一直写到夜晚十时闭馆的时刻，才怏怏走出。……终于在暑假毕业前写成了。我心中充满了劳作的幸福。我并不想发表。完成了五年的计划便是最大的奖励。

五年时间完成一部戏剧作品，我不知道还能有多少人像他这般拼搏。

一整天一整天地在图书馆，一整天一整天地只是与文字为伴。孤独、寂寞、劳累，自不必说。每一个文字在他看来都是跳动的精灵，它们在纸上舞蹈。因为它们，曹禺先生觉得生活是充实的，生命是快乐的。

文字的价值不仅仅在于通过字里行间流露出来的东西给我们以启迪和教育，还在于文字背后，作家在写作过程中体现出来的精神。而这份辛苦不用心体会咂摸是理解不了的。曹禺先生花了五年时间为我们献上一份精神大餐《雷雨》，我们在感受激情澎湃、曲折生动的故事情节的同时，有没有想到曹禺先生五年来的生活？穿透纸张去探寻，会发现那点点滴滴的汗水比文字本身更能给我们以震撼。这就是坚韧的力量。

曹禺先生在晚年生病期间，时时流露出来的对生活的悲观那么明显，但他总能用自己的意志来克服这种悲观。一个人在日薄西山的时候，总会有强烈的求生欲望吧？越是接近于死亡，越是理解生命，越是希望时光能回头，再给他一点时间，一点点时间，让他完成那些还没完成的事。住院八年，实际上就是曹禺先生和时间较量的过程，他用坚韧与病痛相抗衡。读他写给巴金的信，就是在读一个平凡老人的心声。那些信件率真诚挚，他把文字谱写成暖意，将一位老人晚年的孤独表达得淋漓尽致。他的文字越是随意，越是让人感悟到死亡和幸福只有一步之遥。而连接二者的，就是坚韧的精神。

我以为越是痛苦，越能培养柔韧性。精神上称之为坚韧，身体上称之为柔韧，实际上二者又是贯通的。就好比练习中国武术的孩子们，刚开始的时候需要忍受难以承受的疼痛，只要忍过去了，柔韧性就会越来越好。柔韧性是靠一个办法练出来的，那就是一个字：压。物理上的方法是坐在地上，两腿并拢前伸，尽量用头靠近膝盖，坚持十秒钟。而抽象来解释，就是在挫折坎坷中，在巨大的压力下，一个人凭借顽强的意志挺过来。在忍受极端痛苦之后，才会出现“柳暗花明又一村”的境界。

水是柔韧的，那些哗哗流淌的旋律不是坚硬的铁锤敲打出来的声音，而是水的欢歌。水底的石头晶莹圆润。改变石头的不是力度与力度的碰撞，而是水的温柔抚摸。在我们眼中，水至善至柔而又至刚，攻无不克。有个成语叫“滴水穿石”，说的就是这样的道理：只要长年累月朝着既定目标前进，就算是坚硬的石头，也能穿过。这就是执着的力量，坚韧的力量。

而曹禺先生所拥有的恰恰是这种精神。曹禺先生在住院八年期间，仍在不停地阅读，甚至在八十岁的时候还学着写小说。试想一下，一位八十岁的老人，在忍受身体病痛的同时还在不断地进行自我修炼，主动去接触陌生领域的新事物，谈何容易！他的这种精神给我们的不仅仅是对他的崇敬，更多的是自惭形秽。在曹禺先生面前，我们显得如此矮小。他这位文学界的泰斗，谈起托尔斯泰，总是说自己从托尔斯泰的身上获取了丰富的养分。甚至，在《巴金文选》这本小册子里，他也能汲取生活的力量，最大限度地忘记自己的苦恼。而我们在解读曹禺先生时，也能从他身上汲取丰富的养分。

一个人在病痛中，需要忍受来自身体和心灵的双重煎熬。精神战胜肉体是需要勇气的。不管多么痛苦，曹禺先生仍深情地写道：“我有生命的欲望，我想练习走路，起立自由，到街头走走，自由。”“我在你写的东西里，深深吸着生命之氧气。”“让自己乐观一点，快乐一点，自己鼓舞起来。”曹禺先生和水具有一样的品质，他在柔美中展现刚强，在平凡中书写博大。他的一生虽然始终伴随着忧伤，但他的一生更始终伴随着坚强。

在这本书快要结束之际，让我们从孤独回到孤独，从忧伤回到忧伤。我读曹禺先生的信笺，好几次潸然泪下。我能感受到一颗伟大的心灵深处的孤独和苦闷，那是无法言说的伤痛。当时光渐老，我们一点点走向回家的路时，敏感的灵魂更多的不是恐惧而是忧戚和空虚。

我不是虚无派，不是颓废派，更不是资本主义社会的什么什么。我只是个老人，一个毫无知识的老人。我只是想活下去，而且要认真活下去；为我的祖国、人民、社会，也许要加上我个人的家庭、子孙活下去，并且要真正做一点有益的事情，对整个的“人”做点事情。啊！老朋友，我在病床上的老巴！

……生命虽然灿烂，生命也太累人。……也许你从来不感觉活着累得慌，你总是活得很从容，很自然。我不然，有如一块小山在心头压着，吃力极了。

我的写作始终在寻找曹禺先生内心深处不忍触及的美与孤独。我只是一个初出茅庐的写作者，一个名不见经传的写作者，为曹禺先生写传，难免会有失偏颇。但我依然沉醉于所写的每一个汉字中。我想，每个写作者都是这样。我深深相信，只要心是美的，连吹过的风都是温柔的。唯有走近大师，才能感受到他们的深刻、广大和雄浑。也唯有走进他们的文字世界，才能感悟到伟大灵魂深处的美与善是始终并存的。